なぜ一流の人は自分の部屋にこだわるのか？

八納啓創

YANOU KEIZOU

KADOKAWA

はじめに

仕事や物事がうまくいかない人は、「環境のワナ」にはまっている！

「がんばっているのに、なかなか成果が出ない」

「一生懸命やっているのに、なぜかミスをしてしまう」

「自分には能力がないんじゃないのか……」

など、世の中には「まじめに努力をしているのに、報われない……」と感じているビジネスマンがたくさんいます。

私が、そんな方たちに申し上げたいのは、

「仕事に行き詰まるのは、あなたのせいではない」

ということです。

もう少し正確に言いますと、

「仕事や物事が行き詰まるのは、あなたの努力とは関係ない、まったく意図していないところに原因の可能性がある」

ということです。

あなたが本来持つ能力が、十分に発揮できていないのは、実力がないわけでも、努力が足りないわけでもありません。

それは、住まいやオフィスといった、あなたを取り巻く環境、つまりは**住環境やオフィス環境をうまく活用できていないからなのです。**

私は、1級建築士として多くの人の家やオフィスの設計、改築などにかかわり、自身が開催する、「家づくりのセミナー」で、たくさんの人と出会う機会があります。また、これまで年商数百億円の社長宅や独立で成功を収めている開業医宅、西日本でナンバーワンになった保険代理店の自宅兼オフィス、ベストセラー作家の研修センター施設設計など、一流の人たちの家づくりや施設づくりにもかかわってきました。

そこで、仕事ができる人、運のいい人、成果を上げている人、人間関係が良好な人、夫婦関係がいい人、また反対に、何をやってもうまくいかない人、なかなかパフォーマンスがあげられない人など、さまざまなケースに接するうちに、自分の願いを叶えている人たちと、人生がうまくいかない人たちには、ある決定的な違いがあることに気づきました。

仕事ができる人や幸せに成功している人たち、とくに一流であればあるほど、まず住まい（部屋）やオフィスなどの周辺環境を整えることに徹底的にこだわっている。そして、自らがつくった環境に成功を後押しされている。

という事実です。

逆に「何をやっても行き詰まっている」と感じる人は、その事実を知らないため、「環境のワナ」にはまってしまっているのです。

とくに、住まいは、単に「寝て起きて食事をするところ」ではありません。

住まいには、時に人を成功させる力があり、逆に何をやってもうまくいかない状態にさせてしまうこともある、あなたの人生にとって、とてつもなく大きな要素なのです。

仕事ができる人や幸せに成功している一流の人たちは、環境を整えることから始めている

私がこれまで接してきた、ビジネスで成果を上げている人、運がいい人、人間関係が良好な人、夫婦関係がいい人たちをよく観察してみると、ある共通する特徴が

あります。

それは、**継続的に高いパフォーマンスを発揮できる状態をつくっていることです。**1回か2回、偶発的に実績を残すのではなく、持続的に成果を出し続ける。それも、仕事に自主的に、楽しみながら取り組んで成果を出しているのです。

また、いわゆる〝仕事人間〟にはならず、趣味も楽しみながら**家族とのコミュニケーションもしっかりとれ、応援されている**ため、さらに仕事への意欲が湧くという、好循環に入っています。

こうした人たちは、私が見る限り、決して全員が生まれ持った才能があり、最初から成功の階段を登っていたわけではなく、身の回りの環境を整えることで、少しずつ、願いを叶えていたのです。

もちろん、人柄や能力などが影響している側面もあります。

ですが、周辺環境を整えることで、人生を軌道に乗せている。そして、夢を叶える速度を上げていることを、私はこれまで、かかわってきたこれらの一流の人たちと接してきた中で実感しています。

環境を整えると、がんばらなくても どんどんパフォーマンスが発揮できる!

仕事ができるようになるためには、「自分を変えなきゃ!」と思う人が多くいます。

もちろん、あなたが成長すればするほど、よいパフォーマンスを発揮できるようになるでしょう。

でも、環境が持つ、大きな影響力に気づかずにいると、知らず知らずのうちに環境に振り回され、自分の願う方向になかなか変わることができません。

反対に、環境を整えれば、住まいが後押ししてくれるため、「努力している」と感じないほどスムーズに、自然に自分の力が発揮できるようになるのです。

仕事ができる人や成果をどんどん上げている人たちは、**暮らしている部屋や住まいに秘密がある**ということを理解してください。

高
低
空間エネルギー
空間クオリティ
ポテンシャルは、
最大限に
引き上げられる
人のポテンシャル
ポテンシャルが、
あっても
発揮できない

多くの人は、ミスをしたりすると、「どうして、自分はこんなことをしてしまったのか……」と自分を責めます。

しかし、うまくいかないのは、環境から来ている側面も多々あることを知ってほしいのです。

興味深いことに、環境が整うと「なぜ、あんな失敗をしてしまったのだろう」と思い悩むことがなくなります。

本書では、このあと、人生や仕事がうまくいく人といかない人の差・違いはその人の能力差ではなく、住環境、職場環境つまりは過ごしている場所や**部屋の活かし方の差**である、ということを私のこれまでの経験を基にお伝えしていきます。

「成果が出ない、パフォーマンスを発揮できない、人間関係がうまくいかないのは、自分がいたらないからだ」と考える前に、環境を味方にするための知識を身につけ、さらに習慣、法則を体得しましょう。

そして「がんばらなくてもどんどん思い通りに流れをつくり出せる環境」を一緒につくり出していきましょう。

CONTENTS

第3章 一流になればなるほど大切にしている「住まいの基本」

第4章

一流の成功者ほど実践している！住まいにまつわる17の習慣

第5章 今すぐできる！「環境のワナ」から脱出する方法

第6章 ビジネス・家族・人間関係を豊かにしてくれる「住まい環境」の極意

編集協力　塩尻朋子
ブックデザイン　土屋和泉

第1章

あなたが知らない間に
はまっている「環境のワナ」とは?

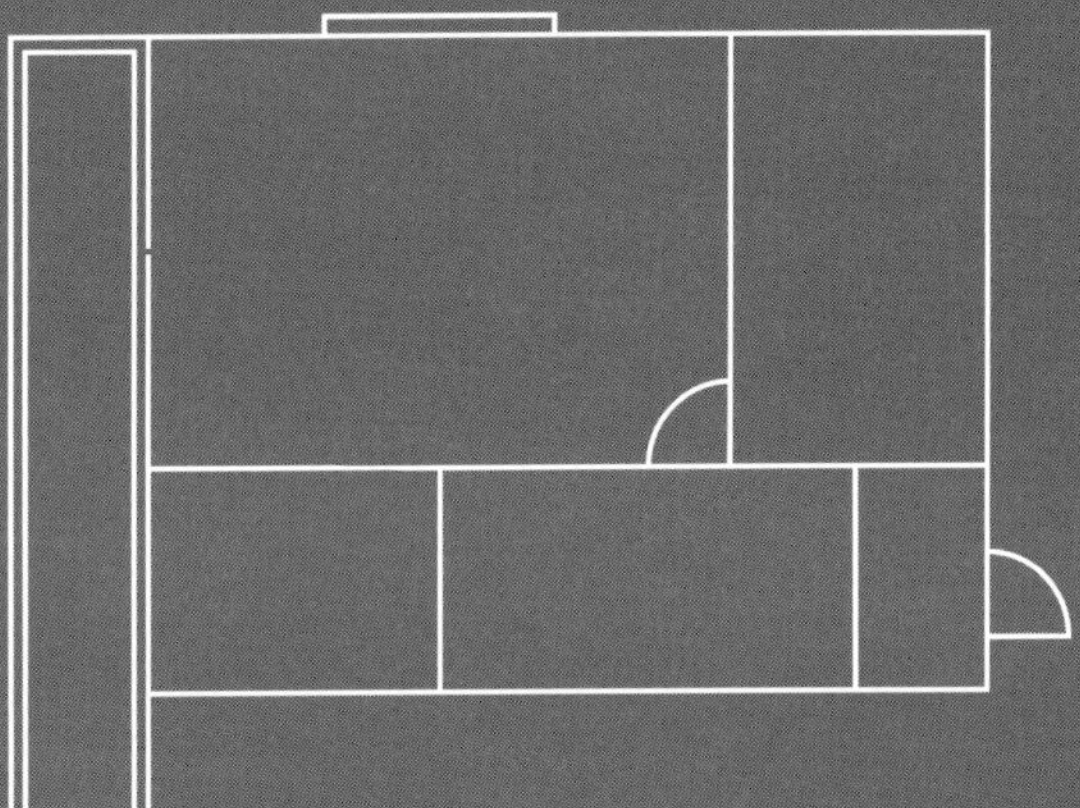

あなたはいつの間にか「住まい」に力を奪われていた！

住まいの使い方を間違えると、どれだけ努力をしても、なかなか仕事で成果が出ない、一生懸命にやればやるほどうまくいかないという、**「環境のワナ」にはまった、悪いスパイラルに陥ってしまいます。**

なぜなら、住まいの使い方が悪いと、知らず知らずのうちに、体力と気力が奪われてしまうからです。本来なら部屋は英気を養ってくれてエネルギーをチャージしてくれるはずのものです。

それなのに、逆にエネルギーをどんどん消耗させてしまうのです。

思い通りのパフォーマンスを発揮できない人は、ほとんどが、家の使い方を知らないために間違った使い方をして、**「住まい」という環境に足を引っ張られていま**

す。

決して、才能がない、または努力が足りないわけではないのです。

環境が整っていないと、エネルギーをダウンさせる力が強く働きます。

下に引っ張る力は、あなたが思っている以上に強いため、どれだけ潜在能力が高い人でも、住まいに力を奪われると、実力が発揮できなくなってしまうのです。

それが「環境のワナ」にはまっている状態です。

仕事が行き詰まっている人を見ると、環境の持つ力を知らず、がむしゃらに努力して、自分を変えようとしていることが多いように思います。

自分を最初に変えようとするのは、強い北風が吹き付けるなか、無理やり前に進もうとしているようなものです。コートのえりを立て、肩にガチガチに力が入ったまま、必死で歩く。

そんな状態では、目的地にたどり着くまでに、相当な時間がかかりますし、多くの人はその前に疲れ果ててしまいます。

ところが、先に環境を整えれば、太陽の光がポカポカ照らすなか、気持ちよく、スムーズに前に進むことができるのです。

パフォーマンスをどんどん発揮させていく人は、周辺環境を整えることを常に意識しています。

外からの影響力がどれだけ大きいか、また、その活用次第で人生が変わることを、よく知っているからです。

住まいの使い方を変え、エネルギーをしっかりとチャージすれば、誰でも自分の持つ力を、十分に発揮できるようになります。

また、環境という器が変化すれば、おのずと自分自身も変わります。

ひたすら努力し続けるより、**環境が後押ししてくれるよう、整えるほうがずっと心地よく、自然に変化することができる**のです。

自分を変えなきゃ！と思う前に自分の「住まい」を見直す

仕事を始めて、10年も経つと、皆、同じに経験を積んできたはずなのに、できる人、できない人の差が出てきます。

「まじめに業務をこなしているだけでいいのだろうか……」

と不安になり、自己啓発の本を読んだり、セミナーに通ったりしているけど、目に見えた効果を感じられない。

そんな30歳から40歳くらいまでのビジネスマンは、ちょうど、家族を持ち「家を建てよう」と考える世代です。

私はこれまで、20年近く建築の仕事に携わり、こうした悩みを抱える多くの人とかかわってきました。そして、家やオフィスといった、身の回りの空間が、人生に多大な影響を及ぼす例を、ほんとうにたくさん見てきたのです。

残念なことに、本人は一生懸命なのに、「環境のワナ」にはまったとしか思えない人も、数えきれないほどいます。

実際に、部屋や家が、どれほど人生に作用するのか。

本章ではいくつか具体的な例をあげて、住まいの持つ力を解説していきます。

まずは、住まいを替えたら、うつになってしまった男性の話からご紹介しましょう。

環境のワナ❶

「帰って寝るだけ」と軽い気持ちで引っ越した部屋でうつ病に

30歳になったばかりのある男性は、中規模の広告代理店に勤務していました。

仕事が忙しく、毎日帰りが遅いので、会社の近くで住まいを探したところ、半地下にあり、周辺の相場より2万円近く安い部屋を見つけます。

「どうせ、帰って寝るだけだし……」

と思ったので、その場で契約を交わし、その部屋に引っ越しました。

ところが、1カ月、2カ月と経つうち、どんどん体調が悪くなっていくことに気づきました。


朝、スッキリと目が覚めない。

起きてもボーッとしている。

寝てもなかなか疲れが取れない。


ということが重なり、仕事にも影響が出てきます。

集中力に欠けてミスが多くなり、なかなかよいパフォーマンスをあげることができなくなってしまったのです。

「どうにかしなきゃ……」と思っても、体調はいっこうに回復しません。疲れとストレスがたまる一方で、だんだん気力も衰えてきます。

そして、ついに、引っ越して1年もするころには、病院に通ってうつ病の薬を処方してもらうまでになってしまったのです。

この男性は、1年ほど薬を飲みながら、自分を奮い立たせて仕事をしてきましたが、あることを境に、すっかり元気になり、薬も必要なくなるほど回復したのです。

それは、その部屋を引っ越したのがきっかけでした。

実は、家づくりで1番に求められるのは、メリハリのある家の中の明るさです。

家の中のすべてを明るくする必要はありません。しかし、とくに寝室やリビングなどは光が重要で、直接、太陽の光が入らなくても、上手に外の明るさを取り入れられるよう、私たち建築士は工夫します。

なぜなら、人は、朝起きたときに自然の光を浴びることによって、体内時計をリセットしてホルモンなどの生体リズムを調整するからです。

朝、目覚めたときの明るさが、その日1日の体調を左右するといっても過言ではないでしょう。

想像してみてください。

光がほとんど入らない暗い部屋で、朝目覚め、出かけるまで過ごしたらどんな気分になるか。

この男性はあとから「引っ越しただけで、これほど体調が変わると思わなかった」と語ってくれました。また、「家賃が多少高くても、明るい部屋に引っ越してよかった」と実感したそうです。

ただ、半地下の暗い部屋だけでなく、たとえ2階以上の部屋でも、窓が小さくて光が届かない部屋は注意が必要です。

環境のワナ❷

「高層マンションからの眺望」でストレスが倍増！

都心部を中心に急増している、タワーマンション。

「ステイタスがある」「眺望がいい」などの理由で人気を集めています。

ところが、こうした高層マンションに住んだばかりに、二人とも眠れなくなって体調を崩してしまい、最終的には2年で売却してしまったご夫婦がいました。

この30代の夫婦は、「夜景のキレイな高層マンションに住みたい」「景色を見ながらリラックスしたい」と、東京の湾岸地域のタワーマンションの1室を購入。憧れの高層マンション生活を楽しむために引っ越します。

ところが、タワーマンションでは高層になればなるほど、地震の時に揺れを大きく感じます。

また、地震だけでなく、風が吹いても揺れるように設計されています。風が強い日は、普段から乗物酔いをしやすい人などは特に一日中ずっと部屋がゆっくりと揺れているように感じます。

このいつもなんとなく、家が揺れているような状態が体にあわなかった二人は、「船酔い状態」になり、夜景を楽しむどころか、あまり眠れなくなってしまったのです。

また、タワーマンションの欠点の一つとして、エレベーターの待ち時間が長いことがあげられます。

とくに、朝の通勤時間などは、多くの人が殺到するため、エレベーターが混雑してなかなか来ないことがあります。また、やっと来たのに、いっぱいで乗れないこともあるでしょう。

さらに、そうした時間帯では、高層階に住む人ほど、1階につくまでに停止する回数も増え、時間がかかってしまいます。

毎日、出勤時にマンションから出るだけでも10分以上かかる。

そして、やっと駅に着いたと思ったら、次は満員電車に揺られて通勤しなければならない。

眠りが浅くて、ただでさえイライラしがちなのに、神経の休む間がありません。

結局、このご夫婦は、比較的、電車が空いている沿線の、低層のマンションに買い替えたのです。

この夫婦は確かに「夜景」という自分たちの欲していたものを手にしましたが、

その結果、**自分たちのライフスタイルに必要だった**「リラックスできる空間」と

「素早く移動できる環境」を無くしてしまったのです。

その結果、仕事のパフォーマンスが低下したことはいうまでもありません。

環境のワナ❸

「念願のマイホーム」がただの箱になってしまった！

家を建てる動機の一つに「家賃よりも、住宅ローンのほうが月々の支払いが安くなるからお得」というのがあります。

「それが、なぜいけないの？」と思うかもしれません。

もちろん、そうした理由があってもいいのです。

家はけっして安くはない買い物です。

「家を買おう」「家を建てよう」と思ったら、しっかりとした経済観念を身につけたうえで、購入を検討するべきでしょう。

ただ、「家賃より住宅ローンのほうがまし」というのが、たった一つの理由であったり、いくつかあるなかでも一番重要な動機だったりすると、「環境のワナ」にはまりやすくなってしまうのです。

「家賃より安いから」という買い方は、「似たようなバッグが、あの店よりこっちのほうが安かった」といった、買い物の仕方と同じです。

すると、流行が廃《すた》れたときのバッグと同じように、数年もしないうちに新鮮味が薄れ、愛情が湧かないまま、粗末に扱うようになってきます。

住宅業界では「〝買い物〟として、家を買うと、1年で飽きる」という通説があります。

家は、本来持つパワーを活かすように使わなければ、ただの箱になってしまいます。 逆に足を引っ張る可能性もあるくらいです。

家とは、あなたの仕事や人生に、プラスにもマイナスにも大きく作用するものです。

そのことを知らずに「家賃より安くなるから……」という理由だけで手に入れて

も、プラスの効果は期待できません。

家を買う、もしくは建てようとするときには、住まいの持つ力を知り、十分に活かすように考えないといけないのです。

環境のワナ❹
「自然豊かな場所」に引っ越しした途端、仕事が激減！

フリーのデザイナーとして活躍している、ある40代の男性がいました。

仕事のほとんどは、自宅でできることから、都内から1時間半ほどの、緑豊かな土地に一戸建ての家を借りて、家族で引っ越すことにしたのです。

これで、小学生の子どもをのびのび育てられる。

忙しかった自分も、妻や子どもと一緒に過ごす時間が増える。

そして、都会のごみごみした環境から離れれば、発想もより豊かになり、仕事もうまくいくに違いない。

そう思って暮らし始めました。

ところが、意を決してスタートした新しい生活なのに、思ったようにうまくいきません。

子どもは学校になじめず、行きたくないと言い始める。

妻とも妙にぎくしゃくしてしまう。

なにより、仕事の量が激減してしまい、生活が苦しくなってきてしまったのです。

とくに大きなミスをした覚えもないのに、これまで取引があったところからも断られ、新しい仕事もなかなか見つかりません。

困ったこの男性は、「なんとか流れを変えたい」と、風水などを学びながら、私のところに相談に来たのです。

そこで、私は「なぜ、そこに引っ越そうと思ったのか」をたずねました。

最初のうちは、「昔から、緑が多いところで暮らしたかった」と言っていたこの男性は、「じゃあ、なぜ今、決心したのですか」と、詳しく聞いていくと、「実は、どんどん大きな仕事を任される、プレッシャーから逃げたかった」という、隠れた動機が見つかったのです。

この男性は、心のどこかで、プレッシャーに立ち向かわずに、逃げるように引っ越しをしたことに罪の意識も感じていたのです。

この男性のように、表向きは前向きな動機で家を借りたのに、なぜか物事がうまくいかない。こうしたときは、心の奥にこうしたネガティブな思いがひそんでいないかどうか、探る必要があります。

なぜなら、あなたがその家を選んだほんとうの理由が「仕事や人生をうまくいかせる」ためのものでないと、家は**心の底に持つ恐れやマイナスのイメージを実現するように働きかけてしまう**からです。

私がよくたとえ話にするのが、失恋して「一人で生きていく」と、マンションを買う女性の例です。

何年か経って、そんな気持ちで部屋を手に入れたことなど忘れ、新しい出会いを求めるのですがなかなかうまくいかない。

それは、忘れているようで、実は心の奥底には、まだ、その気持ちが残っているからで、「男なんか必要ない」と思って選んだ家は、その気持ちを実現するように働きかけてしまうのです。

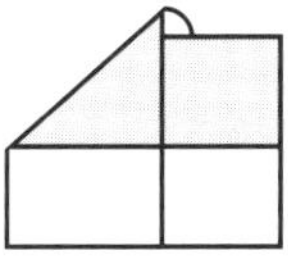

環境のワナ❺

「いつも喧嘩になってしまう」会議室の秘密

私がとある企業をたずねたとき「この会議室を使うといつも喧嘩《けんか》になる」という部屋があると聞きました。何でもない、普通の事務報告会だったはずが、いつの間にかお互いを非難し合う場と化してしまうそうです。

これとは逆に、この場所で打ち合わせをすると、いつも和やかでうまくいくといった場所は、どこのオフィスにもあるはずです。

実はこれは、イギリスの生化学者、ルパート・シェルドレイクが提案する、「形態形成理論」という仮説で説明することができます。

わかりやすい例で説明すると、渡り鳥が毎年同じルートを通るのは、個体に記憶されているのではなく、たとえて言えば、**インターネットのクラウドのようなひとつの場所に記憶があり**、そこにアクセスしながら飛んでいるのではないかという仮説です。

「形態形成理論」では、記憶が「形の場」と呼ばれるところに蓄積され、共鳴することで同じことが繰り返されると説いています。

そのため、存在する生物の特徴的な形や行動などは、過去に存在した同じような形態に影響を受けると提唱しているのです。

あなたの住む街にも「あの場所に店を出すと、必ずすぐつぶれる」といった場所はありませんか。

これも「形態形成理論」に当てはめれば、どこかにその場所には「お客さんが来ない」「お店を出してもうまくいかない」という、よくない記憶が蓄積されて、影響を受けていることになります。

これは、形態形成理論による仮説であるだけではなく、実際に日本に昔からある風習でもそれを証明しています。

新しく建てられた劇場などで、初めて行われる公演を「こけら落とし」といい、著名人を招きます。

こけら落としに大物を招くのは、そうすることで「大物を呼ぶことができる施設」という記憶が残り、お客さんをたくさん呼べる催しを、次々にその場所で行えるようになると考えられているからです。

同じように、オフィスにある「喧嘩になりやすい会議室」というのは、争う記憶が蓄えられ、そこを使う人に同じことが起こると私は考えています。

第2章

人生を好転させた人の「住まい活用術」

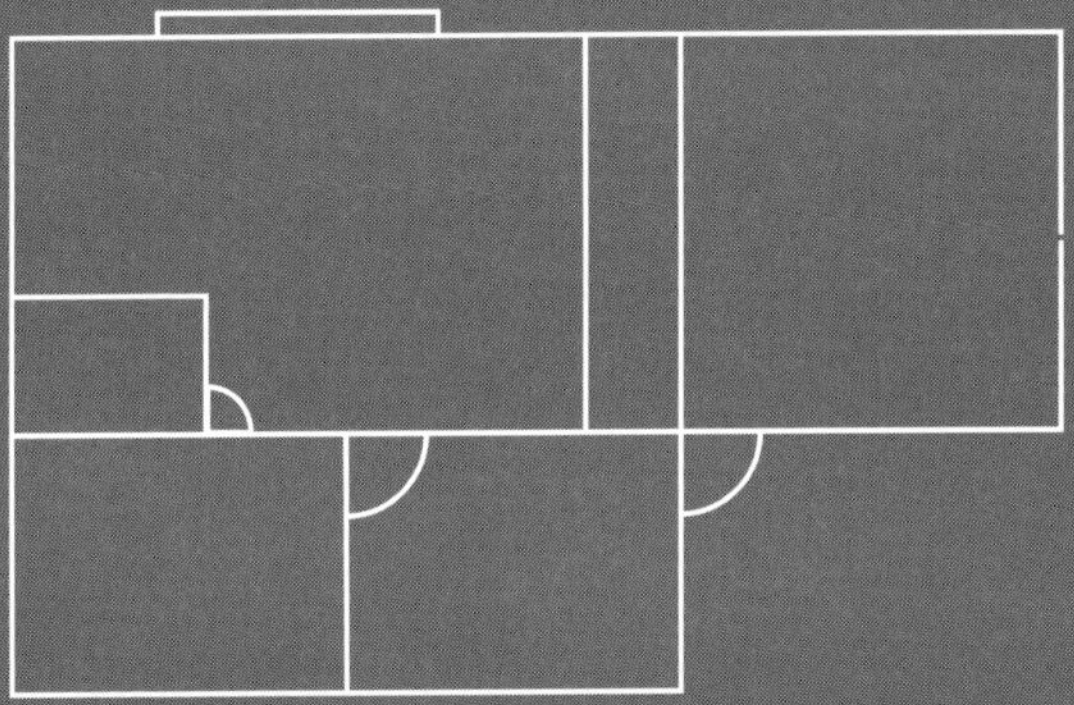

第1章では、知らず知らずにはまってしまう「環境のワナ」にはどんなものがあるか、ご紹介しました。

ただ、私は、こうして「環境のワナ」に陥ってしまう人以上に、住まいを上手に活用し、人生の転機を乗り越えて、上昇気流に乗った人をたくさん見ています。

「環境」をどう活用すれば、ビジネスや人生にうまく活用して願いを叶えていくことができるのか。

本章では、実際にあった例を中心にご紹介していきましょう。

家を替えたことでいっきに昇進！

私が講師を務める「家づくりのセミナー」に参加した、40代の男性の話です。

この男性は、20代で結婚し、自分たちの予算が許す範囲で、延床25坪の家を購入し、家族でそこに住んでいました。

20代で「わが家」を持てる人は、そう多くありません。せっかく買った家なのだからと、きちんと手入れをし、家を大切にしながら暮らしていました。

ところが、30代の後半にさしかかり、男性は仕事で伸び悩みを感じ始めます。もう少しなにかできそうなのに、何を改善すればいいのかわからない。目の前に見えない壁が立ちはだかっているようで、限界を突破できない。

そんな気持ちを抱き、悶々としながら数カ月が経過しました。

この夫婦が20代後半で授かった2人の子どもは、それぞれ小学校の高学年と中学年に成長しました。

男性は、子どもが大きくなってきたので、手狭になった家を手放して広いマンションに移ることを決意します。

郊外の住宅地にあり、自然に囲まれた地域から一変して、都心部にあり、自分も通勤しやすく、子どもも学校に通いやすい地区に引っ越しました。

するとたんに、当時はなぜだか理由はわかりませんが、前に進めずもやもやしていた気持ちが晴れ、「今できることに集中しよう」と、吹っ切れたのです。

悩みがクリアになると、その変化はまわりにも伝わります。

男性が1段階、ステップアップした姿は、まわりにインパクトを与えました。

そして、1年も経たないうちに支店長に抜擢《ばってき》されたのです。

当時は「やっと目の前が開けてきた」と感じただけだったと言います。

ところが、「家づくりのセミナー」に参加し、身の回りの空間は、人生に大きな影響を及ぼすことを知ったとたん、自分の人生がなぜ、加速度的にうまくいき始めたか、腑《ふ》に落ちたのだそうです。

20代に購入した家は、そのときの自分たちにはあっていても、だんだん器が小さくなっていたのでしょう。

いつまでも、小さな鉢で植木を育てようとしているのと同じです。

植木を大きな鉢に植え替えるように、**住まいという鉢を大きくしたら、本来持っている可能性が開花した**のです。

この男性は「自分はほんとうにいいタイミングで、能力を発揮できる場所を選んだんだなとわかりました」と、しみじみと語ってくれました。

あえて6帖一間を選んで20代社長！

「若いころの苦労は買ってでもしろ」とよく言われます。

これは一般的には、20代などであれば、気力や体力があり、失敗してもやり直しがきくということのたとえです。

また、チャレンジすることで自分の可能性が広がるから、進んで苦労しようという意味で使われています。

私の知り合いには、住まいをうまく使って、若いころにあえて苦労をし、失敗を恐れないたくましさを身につけた起業家がいます。

タフな精神力を身につけたこの男性は、さまざまなことに挑戦して、みるみるうちに大成功を収めました。

この男性は、大学生のころから、「将来は起業する」と決めていました。そして、起業家に必要な資質のなかで、自分に足りていない部分はなんだろうと考えたのです。

起業家というのは、人から言われたことをやるのでなく、自ら新しいことに挑戦していかなければならない。でも、自分はどちらかというと慎重で、計画的だけど失敗を恐れるタイプだ。すると、もしかしたら、大きなチャンスを逃してしまうかもしれない……。

「自分に足りないのは、チャレンジ精神だ」と思ったこの男性は、あえて6帖一間、風呂なし、そしてトイレが共同のアパートに住むことにしたのです。

東京でも家賃がわずか数万円のこうしたアパートに住めば、アルバイトをすれば暮らしていけます。また、生活費を削れば、どんな仕事をしながらでも、貯金もできる。

生活をしていくうえでの最低レベルを、自分の原点として体験することで、人生で何が起こっても「また、一からアルバイトして出直せば、何でもできる」と思えるように、まさに自らを仕向けたのです。

多くの人は、生まれたときから家族と暮らし、就職するころに家を出て、収入で払える範囲内の家賃の部屋に住みます。

すると、「その給料がなければ生活していけない」という考えに縛られてしまいます。そして、「仕事を失いたくない」と、守りの姿勢になり、**新しいことに挑戦する勇気を持てなくなってしまう**のです。

この男性は、自分が描いた通り、大学を卒業する前に起業し、わずか20代前半でいくつもの会社を経営するようになりました。

もしあなたが今20代で、将来、なにか大きなことを成し遂げたいと考えるのであれば、私はこうした部屋の使い方をしてみることをお勧めします。それ以外の人でも「その給料がなければ生活していけない」と思い込んでいる可能性を感じ、必要以上に怖れを感じていると気がつくことは重要です。

そうすることで、失敗を恐れずチャレンジする勇気が身につき、飛躍的に自分自身を成長させることができるようになるのです。

ワークルームをつくって独立・起業！

家の設計をさせていただいたご家族を見ていると、興味深いことに仕事ができて、人生がうまくいっている人の子どもは、共通して自立するのが早いように思います。そして、子どもがイキイキとして、夢を叶えるよう、打ち込める住環境ができていれば、奥さんや子どもも幸せになる。すると、その幸せを叶えてくれる父親が、外で仕事に集中できるよう、応援してくれるようになります。

私の設計で、２階建ての家を建てた５人家族がいます。

この家は、１階のリビングルームと、２階の子どもが勉強する、ワークルーム（家族が集まって勉強などができる場）が吹き抜けでつながっています。つまり、ワークルームで勉強していても、リビングにいる人の気配を感じることができるのです。

子どもはとくに、**小学校低学年ぐらいまでは、ダイニングやリビングなど、誰か見守ってくれる存在がそばにいるところで過ごすと、安心して新しいことにチャレンジできる**ということがわかってきています。

「自分には無理」「難しい」などとあきらめずに、自信を持って課題に取り組む習慣が身につくのです。

まわりに人がいるところで勉強したほうが、大人になってから、どんな環境下でも集中できるようになるのです。

このご家族は人を招くのが好きで、しょっちゅう友人たちがたずねてきて、リビングルームでいろいろな話をしていました。

三人姉妹である子どもたちは、リビングルームでの会話を耳にしたり、また、休憩がてらに下に降りて、両親以外の大人と話をしたりしていました。

子どもが考える「自分の未来」は、一般的に、ある程度、自分の両親の世界に限定されます。親が会社員であれば、子どもも一般企業に勤める。また、商売をしていれば、その跡を継ぐなどの例が、社会では少なからず見受けられます。

ところがこの姉妹は、よく訪れるいろいろな大人と話をすることで学校や友人、母親や父親からは得られない情報に触れることができ、自分は将来何になりたいのかを、幅広い視点から考えられるようになったのです。

父親は、大手の製造企業に勤務していましたが、最終的に上の二人の姉妹の一人は「栄養学を学べる大学に行く」、もう一人は「お店を開いて経営者になる」と決めました。今は、その夢に向かってまっしぐらに進んでいます。

子どもが夢を描き、自分なりの人生を選ぶようになれば、両親はそれを応援し、サポートするだけです。

そのうえ、そうした子どもの存在は、親も刺激します。

「子どもの夢に負けないように、自分もがんばろう」と思い、お互いに高め合える、絆を強められる関係になれるのです。

自分専用デスクとダイニングテーブルの使い分けで家族円満、仕事に集中！

ビジネスはうまくいっていたのに、家族との関係がぎくしゃくしている友人がいました。彼は、仕事熱心なあまり、家にもしょっちゅう業務を持ち帰り、家族との時間を削って仕事をしていたのです。

もちろん、「家族に悪いな……」とは思っていましたが、「仕事なんだから、わかってくれるだろう」とも考えていたのです。

ところがあるとき、奥さんと話をしていたときに上の空だったため、大喧嘩《おおげんか》になりました。そこで彼は、家族と仕事のメリハリをつけようと、奥さんと話し合い自分専用の小さなデスクを買ったのです。

いつもダイニングテーブルで仕事をしていましたが、ここは家族とコミュニケーションをするところと決め、そこにいる間は、家族の話に耳を傾け、一緒の時間を大切にするようにしました。

はじめのころは、無意識にこれまでの習慣が邪魔をしてどうしても仕事のことを考えがちで苦労したようですが、「この場所は家族とのコミュニケーションの場だ」と何度も言い聞かせているうちに、純粋に家族との時間が楽しめるようになり、絆も深まりました。

そして、どうしてもやらなければならないことがあるときだけ、家族にそのことを伝えてからこのデスクに向かって、気持ちを切り替えて仕事をするようにしたのです。

小さなことに思えるかもしれませんが、こうして少し家の使い方を変えることで、彼が家族のことを大事に考えている気持ちが伝わり、それからはぐんと仲がよくなったと言います。そして、家で仕事をするときも応援してくれるようになりました。おかげでこの友人は、朝、仕事に向かうときはやる気に満ちあふれ、仕事が終われば、家に帰るのが楽しみになったと言います。

家にどんどん人を招いた結果、西日本一の代理店に！

自宅兼オフィスの改修工事をお手伝いさせていただいた、保険代理店を経営する女性が、西日本でナンバーワンの売り上げを達成したことがありました。

この女性によると、「今の成功は、家に人を招くことなしではあり得なかった」そうです。

家にどんどん人を招いたことで、立場や勤務先などの垣根を越えて、皆が人間同士の付き合いができるようになりました。

すると、お互いはもちろんのこと、お客さんのことも、心から思いやれるようになり、最終的に大きな成果をあげることができたのだそうです。

保険代理店は、たくさん種類がある保険のなかから、お客さんの要望に見合うものを紹介して販売するのが仕事です。

さまざまな種類がある保険は、それぞれ保険会社が違います。

ところがこの女性は、保険会社の担当者が「自分のところの保険を売ってもらおう」と争い、お客さんを取り合うというスタイルでは仕事をしたくなかったのです。

「お客さんが、ほんとうに必要とするものを紹介したい」

という思いを持っていました。

ただ、自分一人だけそう考えていても、一緒に働く社員や、保険商品を持つ、保険会社の担当者にわかってもらわなければ、なかなか実現できるものではありません。

そこで、年に数回、瀬戸内海が見えるセカンドハウスに、社員と保険会社の担当者を家族ぐるみで招いて、食事会を開催したのです。

社長が自ら、プライベートをオープンにして心を開き、食事を共にすれば、招かれた人たちも打ち解けます。すると、仕事を通じた表面的な付き合いが、深く親しい関係に変わります。

お互いを信頼し、全員に連帯感が生まれるので、次第に全員が、ほんとうにお客さんのためになる商品を紹介するようになってきたのです。

保険会社の担当者も、自分の会社の商品ばかりを売り込む人が減少し、逆に、「お客さまからの要望に応えられるのは、Ａ社の商品ではなくＢ社のものだ」と、企業の垣根を越えて情報を共有するようになりました。

その結果、「あそこの代理店は、親身になって保険を探してくれる」と評判になり、西日本でナンバーワンの売り上げを記録することになったのです。

感情を開放させる グーグルのミーティングスペース

人間が持つ感情はビジネスにおいて「不要なもの」「邪魔なもの」と考えられがちです。

経営者やリーダーたるもの、感情に振り回されることなく、冷静に判断すべきだとも思われています。ですから、たとえ、家族とトラブルがあってイライラしていたり、身内の具合が悪くなって落ち込んだりしていても、取り乱すことなく合理的な判断をくだすのが、理想のプロフェッショナル像でした。

しかし、私は、ビジネスに携わっている一流の人には共通点があることに気がつきました。

それは、決して**感情を無理に押さえ込んでいない**ということです。

同僚が明るく挨拶をしても、なんとなく元気がない。「この人、何かあったのかな？」と心配になることはありませんか。

心理学においても、コミュニケーションにおいて相手に伝わるのは言語（バーバル）が7％、非言語（ノンバーバル）93％と言われていますが、人間の持つ感情は非言語の部分に属し、言葉や態度に表さなくても、必ず相手に伝わります。

感情があることを否定し、平静を装って築く関係では、心の底から相手を信用することはできません。

たとえポジティブでもネガティブでも、自分の心の中にある感情を認めたうえで、折り合いをつけていくことが大切なのです。

なぜ1級建築士である私がそこまで言い切るのかというと、家の設計をするとき、建主さんとのコミュニケーションで、一番大切にしている部分が感情だからなのです。持っている感情を素直に表現し、理解し、共有し合えた分だけ、いい空間がつくれると実感しています。

「共感を得ながら成功するプロジェクトの、チームづくりと家づくりはとても似ているね」と、経営者である建主に言われたことがあり、「なるほど」と思いました。

一流の人ほど、口を揃えて「感情と上手に付き合うことが大切」と言います。

彼らは、感情を無理に抑制したり、否定したりするのではありません。自分が何を感じているかを理解し、しっかりと感じつくしながら心を整えることが重要だ、と言います。

経営者やマネージャー層などの、影響力のあるポジションの人は、とくにこのことに留意する必要があります。

たとえばあなたが、家庭内でトラブルがあり、体調も悪く、イライラしていたとしましょう。それでも感情を抑えて、無理やり落ち着いたふりをして指示を出しても、ネガティブな感情は部下に伝わります。

すると、部下は「なにか、ミスをしただろうか」「自分は気に入られていないのかな」と不安になってしまいます。

一方、信頼の厚いリーダー層ほど「今日は気持ちがざわついている」と認め、「いらだっていて申し訳ない」と素直に言える。すると今度は、部下も「そういうことなら、自分がフォローしよう」と助けてくれる。

自分から心をオープンにしたぶん、相手もそのことを尊重し、信頼し合えるよい関係を築くことができるのです。

21世紀に高い実績をあげている企業は、人間は、感情を丸ごと受け入れるからこそ、論理的に考え、決断を下すことができると考えています。

そんな先進的な企業のひとつに、Googleがあります。

ご覧になったことがある方もいるかと思いますが、Googleのオフィスは、カラフルにデザインされた休憩室にビリヤード台があったり、エッグ型をしたミーティングルームがあったりなど、遊び心満載につくられています。

今の日本のオフィスでは考えにくいことですが、彼らは感情を開放させることで、社員をクリエイティブにし、仕事に対して最大限のパフォーマンスを発揮させるようにと取り組んでいるように思えます。

「21世紀型のオフィス環境は、こうあるべきではないか」と、私は建築の専門家としての立場からも、そう考えています。

あえてうるさい部屋をつくり、セルフコントロール訓練！

今から20年以上も前、私がまだ設計事務所に入ったばかりの新入社員のときの話です。

皆さんも経験があるかと思いますが、なにか自分の作業をしていると、上司から「おい、ちょっと」と呼び出される、ということが多々ありました。

上司にすれば、いちいちそんなことまで気にしていられない、というところですが、当時の私は「集中しようとしているときに限って声がかかる」と思い、いつもイライラしていました。

同じように、会社で上司や部下に「ちょっと、いいですか」と言われると、気持ちがざわざわして落ち着かなくなってしまうという人は、少なからずいるでしょう。ところが、なかには、「はい、今いきます」とにこやかに答え、中断されたことに腹を立てず落ち着いていられる人もいます。

実はこれも、私やイライラしてしまう人が、短気だったりセルフコントロールが未熟だったり、能力的に問題があるわけではないのです。

幼いころの環境の使い方、経験によって、大人になってこうした違いができてしまう可能性が高いのです。

高度成長期を境に、学歴社会となった日本では子ども部屋をつくるのが当たり前になりました。今の社会人は、自分の部屋にこもって勉強していたという人が少なくないはずです。

「一人のほうが勉強は、はかどるだろう」「静かな部屋で、しっかり勉強してほしい」と、親は願って子ども部屋を用意します。

しかし、実は、**「子ども部屋で一人で勉強すること」が、オフィスで集中できない大人をつくっていた**のです。

私は、会社勤めをするようになってから、「なぜ、自分はイライラしてしまうんだろう」と考えてみました。

そしてふと、思い出したのが、大学入試での体験です。

普段の模試よりも、大勢の受験生が、一斉にカリカリと鉛筆の音をたてて、答案用紙に書き込んでいる。そんな状況で「うわあ、自分だけ取り残される」と焦った私は、落ち着いて問題を読むことができず、それまでの平均よりも１００点以上低い点を取ってしまったのです。

それ以前にも、友人に「図書館で勉強しよう」と誘われたとき、落ち着かない思いをしたことがあります。

そんな体験を思い出すうち、**自分はずっと一人で、子ども部屋で勉強してきたから、ざわついたところでは集中できなくなっているのではないか**と思い当たったのです。


それ以降、どんな邪魔が入っても、いつも穏やかで集中していられる人に、意識して「子どものころ、どこで勉強していた？」と聞くようにしました。

すると、そうした人たちはほぼ全員が「ダイニングルームで勉強していた」というのです。

子どものころに、まわりに人がいる環境に慣れていたか、いなかったか。

それだけの違いで、成長したあと仕事をする、オフィスでの集中力が変わってしまうのです。

第3章

一流になればなるほど
大切にしている「住まいの基本」

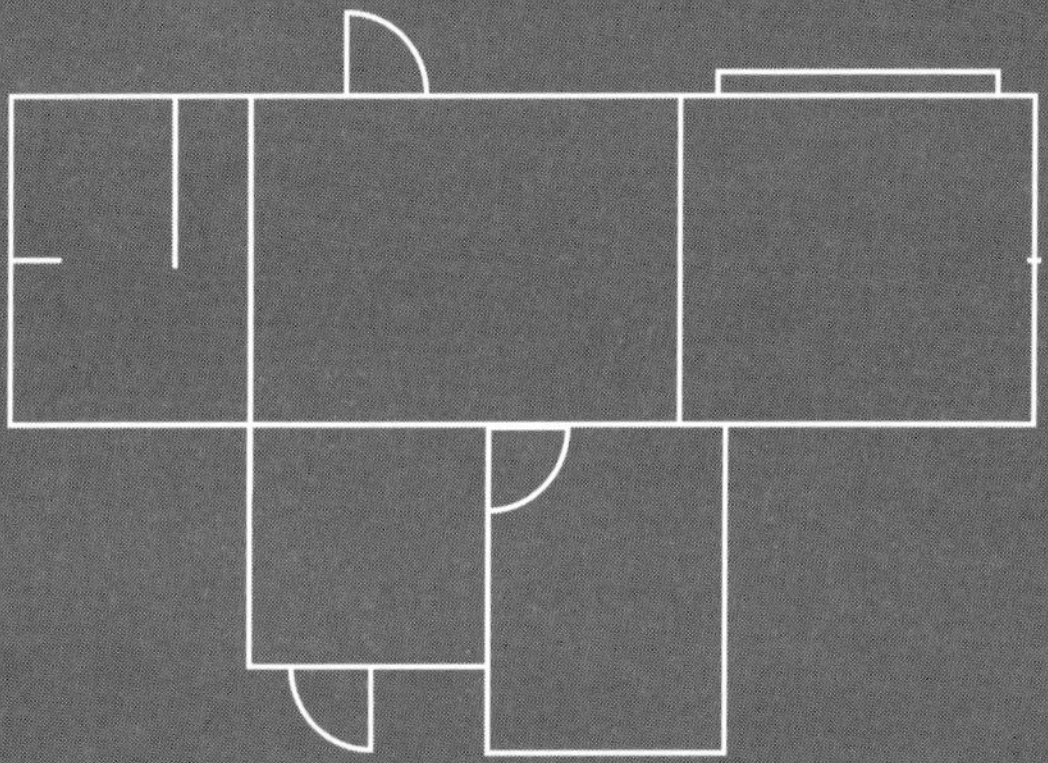

「仕事でハイパフォーマンスを発揮する」、そして「家族とよい関係を築く」など、多くの人が求める成功や幸せは、住環境を整えることで、実現しやすくなります。

では、「環境のワナ」にはまらないために、どうやって住まいを整えているのでしょう。

本章では、私が多くの家づくりに携わったり、さまざまな家づくり相談にのってきた経験から、一流の人になればなるほど、これだけは必ず押さえている「住まいの基本」をご紹介します。

松下幸之助氏も住まいを活用して成功していた

住まいなどの身の回りの空間は、人生に大きな影響を及ぼす。だから、環境を整えることで、ハイパフォーマンスを発揮できるようになる。

実はこのことは、大きな成功を収めている人ほど、昔から知っている事実です。

そのことを裏付ける例として、多くの成功者が家相や風水などの、空間を利用した、開運学を活用していることがあげられます。


ここで少し、説明しておきたいのですが、多くの人が「同じようなもの」と考える、家相と風水は、まったく別のものです。

家相とは、易や気学の考えをもとに、日本の風土の中で独自の発展を遂げた思想です。

東北の方位を鬼門、そして西南を裏鬼門とし、各方位にどんな事象が起こりやすいかをまとめています。

一方で風水は、そもそも古代中国の思想であり、中国で体系化されたものです。

風水は方位ではなく、周辺の土地の形状や周辺環境、さらには、敷地を取り巻く道路と玄関の向きなどを基本に、吉凶を考える流派が多くあります。

一般の方たちにとって風水や家相は、それぞれ主張するやり方が異なるため、どうすれば確実によくなるのかわからない、あてにならないもの。どちらかと言えば、単なる占いの域を出ない考え方であり、うさん臭いというイメージがあります。

ところが、成功している人ほど家相や風水を「情報源のひとつ」としてとらえ、うまく活用しています。

おおっぴらに住まいやビジネスシーンに持ち込むことはないにしろ、「こっそり」使っているのです。なぜ、「こっそり」使っているのかというと、あやしいと思われるのがめんどうだからです。

「経営の神様」と呼ばれ、パナソニックを一代で築き上げた、松下幸之助氏の私邸が、現在、兵庫県に残されています。この建物をGoogleマップで見ると、実は家相が非常に整っています。

家相では、間取り全体の形を重視します。四角い形が欠けているのはよくないとされ、四角に近いもの、もしくは多少の出っぱりがあるものが整っているとされています。

松下幸之助氏の私邸は、発展の家相である、小さな出っぱりが東南から北西の方角に飛び出ている、とてもよい形なのです。

また、私が家づくりにかかわった、数多くの経営者、経営幹部などの成功している人たちほど、家相や風水に興味を持っています。

その事実は、いくらインターネットで検索しても出てきませんが、ほんとうに多くの人が実際の設計に「こっそり」応用しているのです。

家相や風水は、まったく気にしないという人はそれでもいいと思います。

ただ**家相や風水は、先人が残してくれた知恵であり、「こんな間取りだと、こういうことが起こりやすい」という統計学**です。

こうした情報が残されているのだから、住環境を整える方法のひとつとして、うまく活用しない手はないのではないでしょうか。

住まいを決めることは事業プランを決めることと同じ

ビジネスで成功していたり、どんどん成果を上げている人たちには住まいに関する、一つの法則があります。

それは、一度は実家を出て自立し、一人、もしくは結婚して自分の家族と暮らしていることです。二世帯住宅の場合ではそれぞれの世帯が自立している状態です。

なぜ、独立・自立していることが、仕事や人生をうまくいかせることにつながるのでしょう。

まず、実家から離れている人は、お金のやりくりなどを含め、生きていくために必要なすべてのことを自分でやっています。

なにかあっても「自分のやるべきことは自分でする」という思考がベースとして習慣づいていくので、人に頼らず決断できるようになるのです。

まして、家を建てるとなれば、一つのビジネスを立ち上げることと同じようにお金やエネルギーが必要になります。

そうした、大きな決断を下せる人は、仕事や人生でも、物事を先延ばしにせず、きちんと決められる人なのではないかと思います。

そして、実際に、選択と行動を繰り返して、どんどん前に進んでいきます。

反対に、「ずっと実家暮らし」という人で、目覚ましい成功をしている人を残念ながら私は見たことがありません。

近年では、事業につまずいたり、仕事を失ったりして、一時的に実家に戻る人も少なからず見かけます。また親の介護などで、実家暮らしをせざるを得ないケースもあるでしょう。

ですが、たとえどんな事情があるにせよ、「実家に住むのは2年まで」などと、自分で期限を設けたほうがよいと思います。

なぜなら、最初は一時的なつもりでも、実家に戻ったら、もう一度なにかにチャレンジする気持ちになかなかなれず、あっという間に5年も6年も経っている人を多く見聞きしているからです。

実家暮らしをしている人は、この話を聞いて思い当たる部分があれば、習慣に流されないためにも一度本気で期限を設けてみましょう。

それが、「実家で暮らす」という、「環境のワナ」にはまらないための手段なのです。

住まいは究極の自己投資である

一流の人ほど、家を「なりたい自分になるための場所」と定義し、自分のための「先行投資」と考えています。

「先行投資」とは、現時点で価値が計れなくても、これからの展開によってプラスの効果が期待できるものに投資することをいいます。

身近な例としては、

「まわりの物件より５０００円安くてよかった」

「駅から5分でこの家賃ならリーズナブル」

など、直接的な価値で住まいを決めるのではなく、そこに住むことでやりたいことを実現しようと、家を選びます。

知り合いの30代の男性会社員は、街の雰囲気がとても気に入り、「便利と自然が共存する、落ち着いたところで暮らしたい」と考え、都内の自由が丘で住まいを探し始めました。

「自由が丘」という土地は、おしゃれで感度が高い人が住む街というイメージがあります。

この男性は、自由が丘に住み、「センスがいいビジネスマン」というイメージを確立したいとも考えていたのです。

「住みたい」と決めたら、「自由が丘は高いから……」などとあきらめません。この男性は、自分の払える金額でどうにかならないものかと探し続けました。すると、転勤になったから自宅を賃貸にしたいという家を、手頃な価格で見つけることができたのです。

引っ越してから、出会う人に「自由が丘に住んでいる」というと、たくさんの人に興味を持ってもらえ、街の話で盛り上がります。

また、自由が丘を中心としてスタイリッシュなスポットに詳しいという評判になり、仕事の幅が広がりました。

さらに、少しずつまわりに住む人たちと交流が始まると、これまでの仲間とは違う、文化人や芸能人をはじめ、成功した人たちが多いことに気づきました。そして、そうした人たちから、仕事や人生について、実際の生の声や体験談を聞き、自分の見識が大きく広がったといいます。

実は、私自身も、30代の頃に「先行投資」として、広島で20坪の土地を手に入れました。

東京などの首都圏では、20坪の土地に家を建てるのは当たり前なのですが、地方では、「30坪以上の広さがないと、家は建てられない」という考えが一般的で利便性の良い街中にある20坪程度の土地を有効利用する、という感覚があまりありません。

そうした常識を覆すために、あえて20坪の土地を購入し、1階をアトリエに、2階と3階を住宅として建築したのです。

すると、「20坪でも、十分機能的で、広さを感じられる家が建てられる」と、多くの人に実感してもらうことができました。

また、自宅をモデルハウスに見立てて、家づくりを希望する人に開放することで、「実際に家を見ることができたから、安心して依頼できる」という声を多くいただきます。

この土地は、相場の値段よりも3割ほど高かったのですが、比較的人目につきやすい場所にあり、関心を持ってもらえるため、「先行投資」として、十分得るものはあったと実感しています。

また、アメリカの大学と共同研究をした実績を得るため、アメリカに数年間、移住した人もいます。

この男性は帰国後、日本で新しいポジションに迎え入れられ、研究結果を世界的に発表するなど、大きく発展しました。

「場所に投資する」という意味では、住まいだけではありません。

人生に良い流れを導いている人は空間が及ぼす影響力をよく知っているので、積極的によい環境に投資します。

多くの人は「投資」というと、余分なお金が必要と考えるかもしれません。

しかし私は「背伸びして、お金をたくさん使いましょう」と言っているのではありません。今ある中でも、工夫をすれば、これまで得られなかったものが手に入る可能性があります。

たとえば、ランチに1500円使えるとしたら、「1000円のランチを食べて、残りの500円でコーヒーを飲もう」とするのではなく、「ランチはお弁当を持参して、一流ホテルのラウンジで、1500円のコーヒーを飲んでみよう」と考える。

1500円のコーヒーを飲んでも、直接的にその場では目に見える何かは得られないかもしれません。しかし、そのラウンジの雰囲気や時間の流れ方、BGM、そこに集っている人たちの雰囲気や表情など、街中の喧騒の中では出会えないものもたくさんあります。

一流の場での体験は、その後必ず役に立ちます。

こうして空間に先行投資することは、人生を好転させるための最大の自己投資と言えるのです。

住む場所は「世界のどこに住みたいか？」から考える

これまで私が接してきた「夢を着実に形にし、実現するスピードの速い人」は、思考に制限がありません。

夢や目標は、「今の自分」を出発点にするのではなく、将来なりたいイメージを明確にすることや目指す姿から逆算すると、実現しやすくなります。そのためには、まず、考えを制限しないよう、自分に当てはめている条件を、いったん取り払ってみることが効果的です。

住まいを選ぶときも同じです。

実は、彼らは「世界のどこに住みたいか」から、自分の住まいを考えています。「今の収入や状況ならどこに住めるか」ではなく、「住める可能性があるところならどこでも」候補に入れて考えているのです。

あなたも同じように自分に問いかければ、「自分の身の丈にあったもの」という枠をなくし、ほんとうに望んでいる住環境が見つかるはずです。

実際にそう問いかけた人たちが、どんな答えを出したのか、例をあげましょう。

「世界のハブになっているドバイに住みながら、ビジネスを展開する」

「週3日は、自然豊かな軽井沢で過ごし、残り4日は東京に新幹線通勤をする」

「執筆活動を習慣づけるため、文豪の地の鎌倉で暮らして本業に活かす」
「最先端の建築技術を身につけるためにドイツに留学。５年間現地の会社で働く」
「自分のＩＴスキルと人脈を高めるために、３年間限定でアメリカ西海岸に住む」

実は、この人たちはその後、すべて自分で出した答え通りの暮らしをしています。

とはいえ、よく話を聞くと、本人も最初は半信半疑だったり、自分で確信が持てなかったりしていたようです。

それが、こうした答えを見つけて、「そのためにはどうしたらいいか」を探るうち、少しずつ「もしかしたら、自分でもできるのではないか」とセルフイメージが高まったのでしょう。

「そんなこと言われても、現実の自分とはかけ離れている」と感じる方は、「神様が世界のどこに住んでもいいだけの豊かさを与えるといったら、どこに住みますか？」といった質問を、ゲーム感覚で自分に投げかけるのもいいでしょう。

また「世界」では、住む範囲が広すぎて実感が湧かないという方は、日本国内で「これができたらいいな」「こういうふうになったらうれしい」といったことから始めてみましょう。

「月に一度は、家族皆で温泉巡りができるエリアに住みたい」

「車で1時間以内で行ける場所に、自然に囲まれたリゾート地がある土地に暮らしたい」

「冬は暖かいエリアで暮らせるライフスタイルを実現したい」

「海が眺められて東京から公共交通機関で1時間圏内の場所に住む」

などでもいいのです。

実際に、「東京都内に電車で20分以内で、勤め先に自転車で通勤できる緑に囲まれた場所がいい」「大阪市内に車で20分以内、家の横に畑がある土地を手に入れたい」と、いっけん、突拍子もなく「そんなのあり得ない」と思われがちな願望を思い描いた人たちは、理想通りの土地を見つけて、家を建てています。

また近年では、「世界で住みたい場所」を考え、ほんとうに日本を飛び出す人も、少なくありません。香港、シンガポール、ベトナム、タイ、そしてマレーシアなどを旅行で訪れて気に入り、数年後に飲食店や事業を始めた人を何人も知っています。日本国内だけでの成功を考えるより、世界規模でやりたいことを考えられる感覚を持つ人ほど、活動範囲が広く、高いパフォーマンスを発揮しているのです。そしてその流れは今後ますます加速することでしょう。

家族に最大限応援してもらうための家の使い方を押さえる

家族関係が良好な人は、家を「自分の夢だけでなく、家族（一緒に住む人）全員で共有する夢を実現する場所」としてとらえています。

なぜなら、自分だけでなく、家族と一緒の夢も叶えられれば、仕事のパフォーマンスをアップすると同時に、家族の絆を深め、応援してもらえる、よいサイクルに入ることができるからです。

この好循環をつくるためには、「この家に住むことで、自分と家族が実現したい夢は何か」を、家族と一緒に考える必要があります。

とはいえ、家族全員で叶えられる夢は、身近なものでかまいません。

たとえば、家庭菜園でつくった野菜で、健康的で美味しい食事を楽しむ。

または、家族の友人がいつも来ている、にぎやかな家にするなど、全員が楽しめるものであれば楽しくて素敵です。

ひとつ実現できたら、別の目標を見つけるのもいいでしょう。

家づくりをお手伝いした、幸せに成功しているある男性は、「この家に住むことでしか得られないコミュニティに家族全員で触れ、自分たちの意識を高めたい」という夢を持っていました。

また別の男性は「自然環境に触れて、喧噪を忘れ、家族でリフレッシュしたい」と言っていました。

いつも、家族で分かち合うものがあり、それに向かって一緒に進んでいるという連帯感が大切なのです。

自分の夢と家族の夢は、同じである必要はありませんし、つながっていなくても家族共通の夢があれば問題ありません。

家族の夢は、自然と触れ合うことでも、自分は、仕事から帰ってリセットし、英気を養うなど、個人的なものでかまいません。

自分だけの夢、そして家族共通の夢の二つを持つこと。そして、その夢を実現させようと家を活用することで、全員の幸福度が高まるのです。

またここでは、家族と暮らしていることを前提としていますが、独身の方も同じです。

家を自分の夢を叶えるための場と定義し、そのために活用すればいいのです。

余談になりますが、**もしあなたが「結婚したい」「家族を持ちたい」と願うのであれば、一人ではなく、あたかも二人いるような住まいの使い方をすると**、実現しやすくなります。

具体的にどういうことかというと、お皿を買うなら、気に入ったものを1枚ではなく2枚揃える。テーブルについて食事をするときも、自分のスペース以外は荷物をのせておくのではなく、二人座って食べられるようなスペースをつくる。洗面所の歯ブラシも、2本立てられるようにするなど、いつ相手が見つかっても受け入れられるよう、もう一人分の場所を確保しておくのです。

このことを実践し、実際に数カ月後にパートナーが見つかった女性を、私は何人も知っています。

住まいの使い方というのは、これほど人生に、大きく働きかけるのです。

「運気が上がる住まいづくり」を徹底する

運のいい人は、環境が運に及ぼす力をよく知っています。

ですから、明らかに自分の運が悪くなる家は選びません。

前述してきたように「形態形成理論」によれば、あるできごとが起きた場所では、その場を使う人にその記憶が働きかけ似たようなことが発生しやすくなります。

記憶と感情には密接な関係があります。**強く感情を揺さぶられたことほどその場に、記憶として残るのです。**

そのため、こうした場に残る記憶は、感情にもとづいたものがほとんどです。

たとえば、銀行が差し押さえ、競売に出された物件は、相場より安い値段で取引されます。ただし、競売に出される家は、大きな原因の1つとして持っていた人がローンを払えなくなったという理由があります。ローンが払えないということは、仕事や人生があまりうまくいっていなかったと考えられるのです。

「つらい」「苦しい」といった感情が残った家は、住む人にもこうした感情が起こるよう働きかけます。

運のいい人は、「そんな家に住むなんてとんでもない！」と考えます。

しかし、そこで損得勘定が働き「安いんだから、リフォームすれば大丈夫」と購入し、運気が落ちてしまった人も残念ながら少なからずいます。

また、中古のマンションを手頃な価格で購入し、リノベーションして住む方も少なくありません。しかしこの場合も、前に住んでいた人が、どんな理由で手放したか、なぜ引っ越したのかを、できる限り、不動産屋さんなどに聞いてみるようにしたほうがいいでしょう。そして、その理由が好ましくないものであるときは、運気をダウンさせる力が働きますから、基本的によっぽどのことがない限り避けましょう。

人間には誰にでも、「直感」が備わっており、「理屈では説明できないけれど好き」「どうしてもイヤな予感がする」といった感覚が、的を射ていることも少なくありません。

たいていの場合、こうしたマイナスの感情の記憶が蓄積されている環境に行くと「なんとなく気に入らない」「居心地が悪い」と感じるはずです（※ただし、後述しますが、高級ホテルのラウンジに初めていくときのような、居心地の悪さとは別なので種類を見極めてください）。

「相場より安いから」「ほかにはこんな物件ないかもしれない」などの理由で選ばず、第一印象がよくない家にはかかわらないほうがよいと言えるでしょう。

また、家族で住む家を探すときは、できるだけ全員で見に行き、お互いに第一印象を話しあったうえで、決めることが大切です。

ただ、前の所有者がネガティブな理由で手放していても、立地や値段を考え、どうしても「これがいい！」と思える、中古や競売物件に出会う人もいます。

その場合、まず大切なのは、家の持つパワーに引きずられないよう、その家に住むことによって実現したい、自分と家族の夢をしっかりと持ちその場の記憶を書き換えるぐらいの意識を持つことです。

そして、詳しくは後述しますが、運気を落とす要素を排除するために、間取りを変える、地磁気を整えるなど、できることがありますから、専門家に相談していただければと思います。

住まいをよい記憶を蓄積・増幅させていく器に育てる

住まいに記憶が蓄積されているとすれば、問題が続けば悪い影響が増幅し、逆にプラスのできごとが重なれば、よい力が高まるはずです。

このことを実感した、あるできごとがあります。拙著『住む人が幸せになる家のつくり方』にも詳細を書きましたが、以前、私が設計した家で、一般の見学者を招き、完成披露会を行わせていただいたことがあります。

ご夫婦でいろいろ話し合ってつくりあげたこの家は、どこをとってもこだわりが感じられ、二人の人となりが表れた、とても素敵な空間でした。

家のなかを順に案内してもらっていたとき、見学者の一人が、「この家のキッチンは、どうしてこんなに居心地がいいのかしら」とつぶやきました。

すると、「私もそう思った」「ここにずっと居たくなる」と、ほかの見学者も次々にキッチンに入り、ゆったりと過ごし始めたのです。

私がこのキッチンに、なにか仕掛けをしたわけではありません。

ただ、この家のキッチンは、とくに奥さんのこだわりが強く、引き出しの取っ手まで熱心に好みのものを探し、旦那さんと話し合って、家族誰もが入りやすいように、二人が納得いくようにつくりあげたものだったのです。

興味深いことに、設計時に思い描いたこうした思いは、必ずその場に蓄えられ、訪れる人にさえ、働きかけます。

運のいい人は、住まいがよい運気も悪い運気も高めることを意識し、できるだけ家の中を、よい環境に維持するよう心がけています。

たとえば、家には、上司や会社の愚痴ばかり言う人や、まわりの人のうわさ話や陰口を叩く人は招きません。

反対に、自分の夢や、打ち込んでいることなど、前向きな話をする人たちが集まるように心がけ、そうした記憶がどんどん蓄積され、お互いにもっと高め合うことができるようにしているのです。

私はとある企業の、研修センターの改修設計をしたことがあります。

そこでは「心の癒し」をテーマにした、ワークショップがよく行われています。

興味深いことに、その研修センターで開催されるワークショップに何度か参加した私は、回を重ねるごとに、いろいろな質問者のより深い課題が、より短い時間でクリアされるようになっていったのを目の当たりにしました。

主催者も「まさにこの場所に、これまでの癒しのエネルギーが蓄積され増幅されている感じだね」と感想を漏らしていました。

住まいやオフィスは、運気を増幅させる作用を持ちます。

よい記憶を積み重ねることを意識し、どんどん運を高めてほしいものです。

「機能性」より「美しさ」を最優先する

調査によると、先進国では、「住まいに求める優先順位」の5位以内に、どこの国でも「周辺環境の美しさ」が入ります。

ところが日本だけは「周辺環境の美しさ」という、項目すら出てきません。

私は、これはとても残念なことだと思っています。

なぜなら**「周辺環境の美しさ」は、人間の能力に大きな影響を与える**からです。

アメリカで、コンクリートの殺風景な建物しか見えない部屋に住むグループより、木々や草花を目にすることができる部屋に住むグループのほうが、基本的な集中力から、困難に陥ったときどう対処するかまで、大幅に高い評価を得たという実験結果があります。

また、美しい町並みや、緑の多い地域で暮らす人たちは、精神的な幸福度が高いという、別の調査結果もあります。

藤原正彦さんの『国家の品格』（新潮新書）に、インドで天才数学者が生まれた場所は、ものすごく美しい環境だという内容があります。

私は、この部分を読んだとき、「日本でも、環境の大切さを伝えてくれている人がいる」と、非常にうれしく感じました。

ハイパフォーマンスを発揮している一流の人ほどこのことに気づき、家を選ぶときに必ず「環境の美しさ」も考慮します。

たとえば、近くに大きな公園がある。川がそばにあり、河川敷を散歩することができる。近くに美術館や博物館がある。そして、歴史的建造物があるなどといった視点を持って住まいを選ぶと、環境があなたの幸せをバックアップしてくれるのです。

住まいを「家族」と考え、何よりも大事にする

「この家がなかったら、今の自分はない」

こう言い切る幸せな成功者に、私はたくさん出会わせていただいてきました。

夢を叶えている人たちは、例外なく、自分の家が大好きです。

私が「家が好きですか?」と聞くと、「もちろん!」「当然じゃない」という答えがすぐに返ってきます。

また逆に「え、なんで?　家が嫌いな人なんているの?」と聞かれることさえあります。

「どんなに一流で、高いホスピタリティがあるホテルよりも、家に帰るのが楽しみ」という人もいます。

なぜ、仕事も家族関係もうまくいっている人は、家が大好きなのでしょう。

私は、これは成功している人の、家だけでない人生全般に対する考え方が関係していると考えます。

そもそも人間は、長い歴史の中で、危険を察知し、確実に生き延びる方法を考えてきました。ですから、常に悪い状態を想定し、ネガティブに考えるクセがついています。

ところが、人生がうまくいっている人は、ネガティブな感情や考えは受け止め、リスクはリスクとして踏まえたうえで、そのうえでどうするかを考えるように、自分をうまく調整することができます。

ですから仕事では、リスクを踏まえながら、着実に前に進み、よい結果を出すことができるのです。

幸せに成功している人は、家にかんしても、同じ態度で接しています。

今の状況を理解し、そこでどうしたら、この家はよりよくなるか考え実践する。

自分にとってよい働きかけをするように、家を仕向けるから、家が好きになる。そして、人生のよいサイクルに入ることができるから、ますます家を大切にする。こうして、人から聞かれたとき「家が大好き！」と言えるようになっているのです。

私が家を設計したご家族で、「この家がなかったら、自分の夢は実現できていなかった」と言う女性がいます。

旦那さんと男の子３人の、５人家族のこの女性は、「将来、アロマ関連のサロンを開きたい」と考えていました。そして、その夢を叶えてあげたいと考える家族は、サロンを家族共通の夢として、家をつくろうと相談に来られたのです。

いろいろ話をするうちに、妻の夢は応援できそうだけど、では自分はどういう生き方をしたいのか、旦那さんが考えるようになりました。そして、両親の姿を見ている子どもたちも、「自分たちは何を考えながら生きればいいのだろう」と、自問するようになったのです。

その結果、自分たちの具体的な夢はまだ浮かばないけれど、「家族全員の夢を応援する家」にしようと、全員で一致して家づくりがスタートしました。

この女性は当時、事務職として働いていましたが、家が完成すると同時に仕事と並行しながら、自宅の一室でサロンをスタートしました。

すると、瞬く間にこのサロンは評判を呼び、この女性は、全国から招かれ施術するようになり、それまで働いていた仕事を辞めてサロンに専念し始めました。

そして、奥さんの収入がもともとの夫婦の収入合計を上回ったとき、旦那さんは「昔から、家事をするのが好きだった」と、仕事を辞めて、子どもの面倒をみるようになったのです。

また子どもたちも、合唱団に入ったり、スポーツをしたりと、自分たちのやりたいことを見つけて取り組み始めました。

私は、このご家族を見て、**夢を明確にして整えた空間は、そこに願う記憶が重なるから、家が夢を後押しし、否が応でも叶ってしまうのだ**ということを実感しました。

こうした例のように、「家が大好き！」になるために、今の家を引っ越す必要はありません。

見方や考え方をちょっと変えるだけで、今住む家のよい点を見つけることができます。

家が好きになれば、家を大切にします。

家を大事にすることは、自分にとってプラスになるよう、家を整えることにつながります。そして、どんどん、住環境からの恩恵を受け、人生がよい方向に変わっていくのです。

お金を生み出す住まいを選ぶ

繰り返しになりますが、住宅を購入する動機として、日本で一番多いのが「同じ金額の家賃を払うくらいだったら住宅ローンのほうがまし」というものです。

「自分のものにならない家に、家賃を払い続けるのはもったいない」と考え、住まいを手に入れようとします。

ところが、こうした理由で住まいを手に入れる人たちは、住宅ローンの金額が、これまで月々払っていた家賃程度というだけで満足しがちです。

そして、購入する家に資産価値があるかどうかを、あまり考えません。

一方で、**資産形成に卓越した人ほど、不動産としての資産価値をきちんと見極めてから、手に入れています。**

買おうとしている不動産が、なにかあったときにどれだけ高く貸せるか、そしていくらくらいで売れるかを確認し、できるだけ資産価値が落ちない物件を購入します。

不動産価格の評価方法はいろいろありますが、一番簡単に判断するには、次の方法があります。

仮に、毎月支払う住宅ローンの金額が10万円だとします。

頭金の金額や住宅ローンの年数は人によって違うと思いますが、単純に月々いくら支払う予定なのかを考えてください。

そして、あなたが買おうとしている物件と、築年数や広さ、駅からの距離などが似た条件のものが、いくらで賃貸に出されているかをチェックするのです。

もし、同じような物件の家賃が８万円であったとしたら、あなたが購入しようとしている家は、もしものときに貸し出しても、住宅ローンをカバーできないので、10万円のローンを払う価値がないものだと言えます。

反対に、似た条件の物件が、10万円以上で貸し出されているエリアであれば、購入しようとしている家は、資産価値が高いと言えるのです。

大まかなやり方ですが、まずはこの方法でチェックしてみて、資産価値が低いものには、手を出さないほうがよいでしょう。

豪華な家がどんどん不幸を呼び込むこともある

これまでも見てきたように住まいが私たちに与える影響は、思っている以上に大きいものです。

ところが、家が豪華であればあるほど、よい働きかけをするとは限りません。

立派な家に住んだのに、住まいが原因で、どんどん不幸になっていく場合もあるのです。

人もうらやむような大きな家を構えているのに、息子が次々と問題を起こす。

　また、豪華な邸宅に住んでいるのに、家族の仲が悪くなる。そして、何年か経つころには一家離散。そのため、仕事もうまくいかなくなって破産してしまい、その家は競売に出されたなどの例は、決して珍しいものではないのです。

　なぜ、立派な家に住んだのに、不運に見舞われてしまうのでしょう。もちろん、月々の支払いが多くなり、経済バランスを崩すケースも多く見受けますが、**その根底には家の使い方に問題がある**と私は考えています。

　広い敷地を手に入れ、大きな家を建てるとなると、たいていの場合、部屋をたくさんつくります。しかし、家の使い方を知らないと、ほとんどの場合、家族それぞれが孤立します。

　誰が、いつ帰ったかわからないまま、一人ひとりがそれぞれの部屋にこもってしまうと、関係が希薄になり、家族がバラバラになってしまうのです。

　私の友人で、事業がうまくいったので、賃貸で広い家に引っ越した男性がいました。

この男性と妻、そして子どもたち2人の4人は、最初は一人ずつ、ベッドルームを使っていました。しかし、部屋が広すぎて寝ようとしても落ち着かなくて、結局30帖近くあるひとつの主寝室で、4人でベッドをくっつけて寝ていたといいます。最終的にこの男性は、その家になじめず、もう少し小さな家に引っ越してしまいました。

大きな家が、悪いわけではありません。

広ければ開放感があり、間取りの設計にも自由度をもたらしてくれます。

しかし、**家族の絆を育む使い方をしないと、単なる同居人になってしまう**のです。

その点、アメリカ人は広い家を上手に使っているといえます。

アメリカ人は、映画やTVドラマなどを観ると立派な個室が出てくるのでそれぞれの個室で暮らすイメージがありますが、実はそうではありません。

多くのアメリカの家庭では、夫婦、子どもそれぞれが「寝室」を持ちます。しかし、アメリカ人にとっての「寝室」はほんとうに寝るときだけ入る部屋なのです。

起きている間は、全員がリビングルームに集い、一緒に過ごします。食事をしたあと、それぞれが個室にこもるということはありません。

また、子どもは、学校から帰ったら、リビングやダイニング、または、家族が集ってやりたいことをする、ワークスペースで勉強します。

たとえ、自分の部屋で勉強することがあっても、必ず、家庭教師や親が一緒にいて、一人きりで部屋にいることはないのです。

起きているのに、一人で寝室に入ると「なにかあったのか」と、心配するほど、家族が共に過ごすのが当たり前なのです。

子ども部屋は、もともとアメリカから輸入されたものですが、使い方や意識がこれくらい大きく違います。

こうした使い方ができれば、たとえどんなに広い家でも、不幸になることはありません。

せっかくスペースがあるのだからと、部屋数を多くつくることには、注意が必要なのです。

原因不明の「オフィスでの体調不良」は取り除ける

「環境を整えよう」といっても漠然としていると思う方もいるかもしれません。

ここで、私が考える「環境」について、簡単にご説明しましょう。

「環境」とは、大きくは、私たちを取り巻く状況のことです。

広い範囲でいえば、１０１ページの図のように地球や宇宙も環境の一つです。

でも、パフォーマンスを発揮するために必要な環境といえば、もっと絞り込んだもの、すなわち、私たち一人ひとりの個人の環境、すなわち、体調や精神状態、考え方などになります。

この、個人的環境は、心理学的に思考、行動、感情の不一致により体調不良やストレスがたまってくることが分かっており、さらにその外側を囲んでいる家やオフィスなどの空間に大きく左右されます。

とくに、仕事の疲れを癒して、明日への活力を養うはずの住まいの状況は、パフォーマンスに大きく影響を及ぼします。

この住まいという環境を整えるためには、正しい使い方が必要です。

詳しくは後述していきますが、ポイントを押さえて住まいを使えば、その内側の環境である個人環境が整いやすくなってきます。そうなると、最終的に一番内側の心の環境が整い、深い部分からの充実感を味わえるようになるのです。

自分の能力を発揮するためには、その外側の家やオフィスなどの環境を整えることの大切さをここでは感じてみましょう。

私が相談を受けた例で、オフィスの配置換えをしたとたん、体調不良になり、仕事が手につかなくなったというケースが少なからずあります。

思い当たる原因はないのに、だるくて集中できない。そんなときは、柱のそばに机が移動になっていることが大半を占めます。

なぜ、柱の近くにいると、能力が発揮できなくなってしまうのでしょうか。

それは、オフィスの構造で一般的に使われている、鉄筋コンクリートの柱のまわりは地磁気が大きく乱れているからです。

地磁気の乱れは、コンパスを使うとすぐわかります。

地磁気が乱れている場所は、コンパスが北を示さずに、大きく曲がったり、針が止まらなくなったりしてしまうのです。

試していただくとわかると思いますが、柱のまわりはほぼ１００％、地磁気が乱れています。

まだ、科学的な検証を行われているところですが、生体磁石を持つ、ミツバチや鳩は、地磁気が変化すると、食料収集の行動やスケジュールなどに異変が起こると言われています。私のこれまでの経験からすると、**人間も地磁気が乱れている場所に長時間いると、疲れやすく、集中力が落ちてしまう**と考えられるのです。

気持ちが乗らないのは「メンタルが弱いせいだ」「体調管理が悪かったのだろうか」などと、自分を責める前に、外側からの影響はないか、考えてみましょう。

一日の多くの時間を過ごす、オフィスの環境もあなたのパフォーマンスに大きく影響を及ぼしているのです。

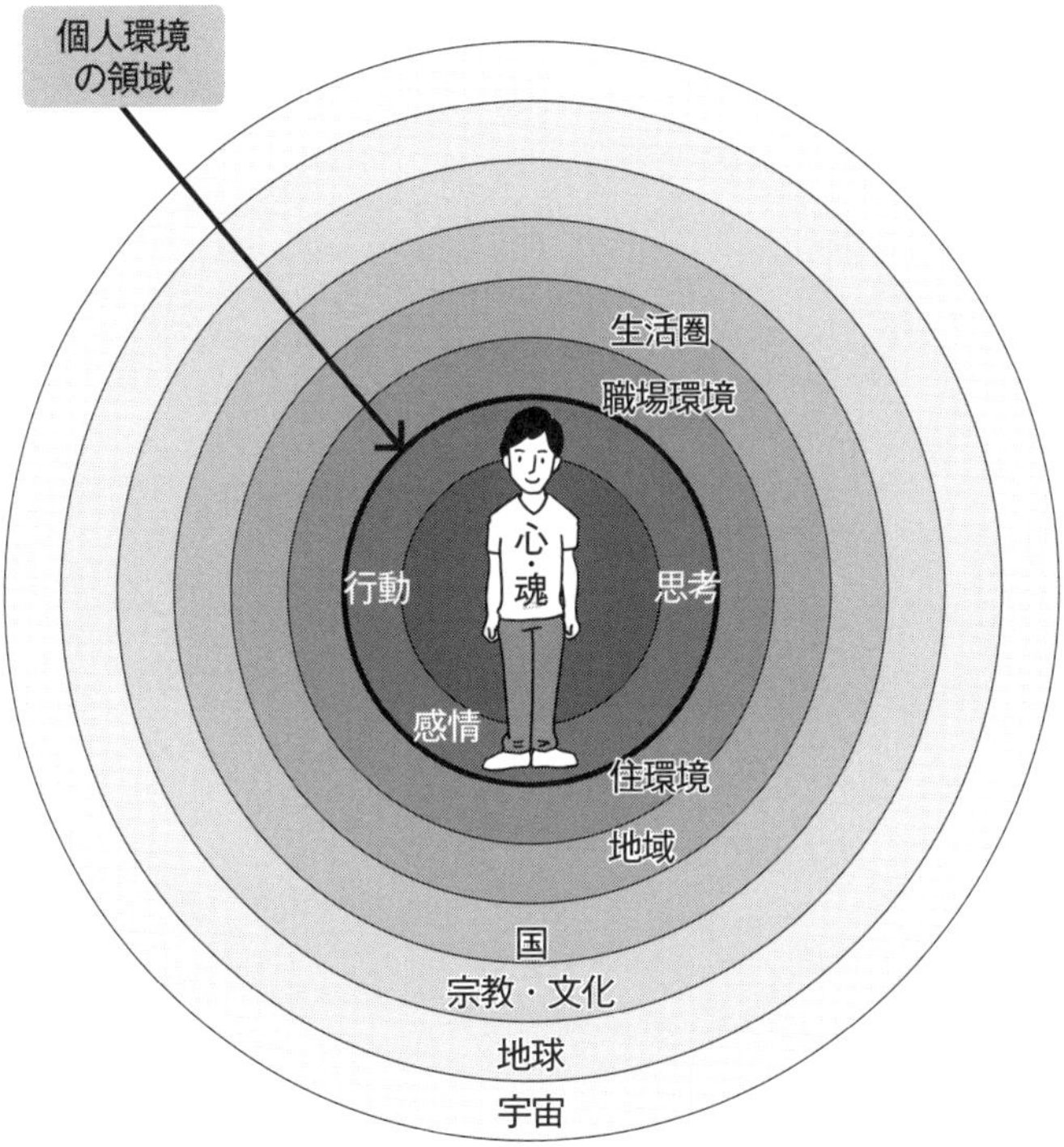
個人環境
の領域
生活圏
職場環境
心
・
魂
行動
思考
感情
住環境
地域
国
宗教・文化
地球
宇宙

●ミニワーク

ここで今の家のよい点を見つけるための、簡単なワークをしてみましょう。

Q1　あなたはなぜ、今の家に住んでいるのですか？

回答例1　職場から比較的近いので

回答例2　自然が多いので気分転換できるから

Q2　仕事をする上で、住まいに不満はありますか？

回答例1　近いだけで選んだので、部屋がせまい

回答例2　通勤に1時間半かかるので、それがストレスになっている

Q3　Q2の答えに対して、肯定的に捉えることができる部分はありますか？

回答例1　職場が近い分、通勤時間が短くなった

回答例2　通勤時間の往復3時間を読書や音声学習、動画を見るなど自分時間として使える

Q4　Q3を踏まえたうえで、今の家のよい点をあげてみましょう。

回答例1　通勤時間が短くなった分仕事やプライベートに割ける時間が増えた

回答例2　一人の時間を充実させ、自然を感じながら気分転換できる

第4章

一流の成功者ほど実践している!
住まいにまつわる17の習慣

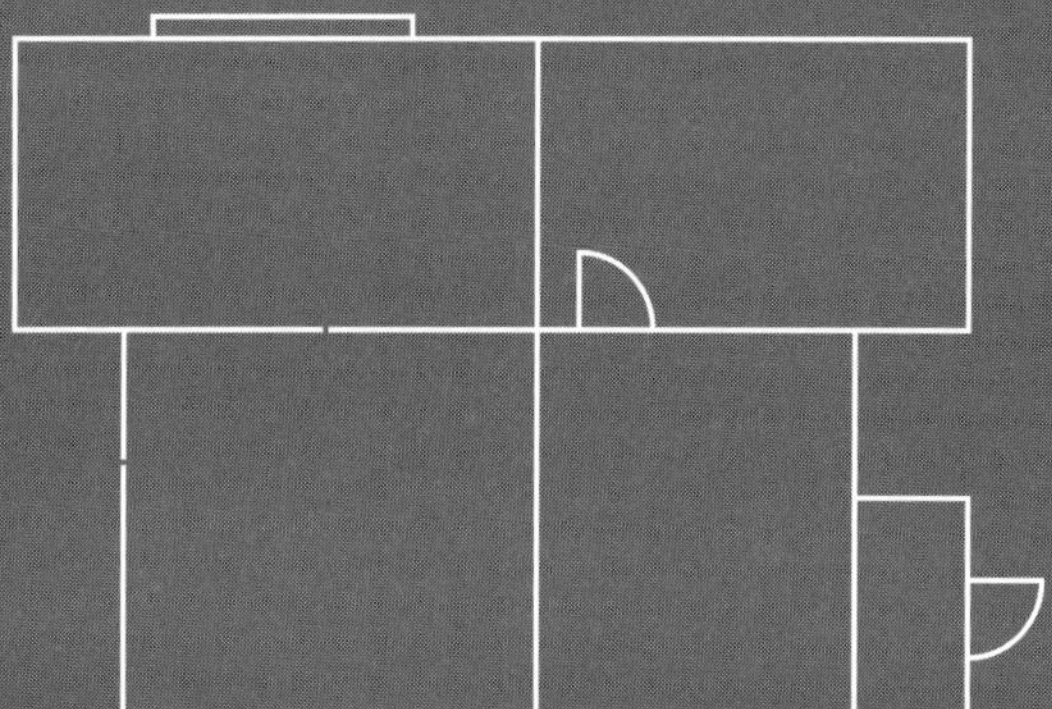

第3章では、人生がうまくいっている人の、家に対する考え方を紹介しました。

本章では、より具体的に、一流で幸せな成功者は、住まいと周辺環境をどう使っているか、実例をお話ししていきましょう。

習慣❶

徹底的に睡眠環境にこだわる

第一に、パフォーマンスを発揮して願いをどんどん叶える人は、良質な睡眠をとることを心がけ、睡眠環境に徹底的にこだわっています。

寝ることに対して「貪欲」といってもいいほどです。

睡眠時間を削ったり、必要ないのに徹夜をしたりすることはなく、日中にどれだけ効率よく仕事を終わらせることができるかに尽力します。

なぜなら、よく眠ることは、肉体的な疲れをとるだけでなく、脳の疲労も回復するからです。しっかり睡眠をとれば、集中力ややる気が高まり、成果を生み出すことができるのです。また、きちんとした睡眠をとることで、免疫力を高め、老化や病気から遠ざかることもできます。

名前を聞けば、誰でも知っているような、大手上場企業の社長は、一筋の光も入らない真っ暗な部屋で、音が一切、聞こえないようにして眠っているといいます。

この方は、国内や海外、どこに出張に行っても、ホテルに依頼し、必ず同じ環境をつくっているのだそうです。そうすることで、短時間で眠りにつき、良質な睡眠を確実にとれるようにしているのです。若干極端にも見えますが、睡眠に対してとても貪欲なことがうかがえます。

ここで、ちょっと特殊な例ですが、私の尊敬する企業経営者の海外出張時の例を紹介しましょう。

彼は驚くことに、海外出張に出かけても、日本時間で生活して睡眠を確保し、時差ぼけにならないようにしているのです。

たとえば、ボストンやニューヨークなどのアメリカの東海岸は、日本と約14時間の時差（冬時間）があります。ですから、東海岸の正午は、日本時間で深夜の2時になります。

夜中の2時は、ほとんどの人が、一番深い眠りに入る時間。

この経営者は、出張中はこの時間にはアポイントを入れず、4時間ほどぐっすりと眠ります。

そして、東海岸の時間で夕方になると、日本は朝になりますから、起きて日本との連絡や仕事に費やします。

現地で会食などがあるときでも、深酒をせずに付き合うていどにし、そのまま起きて、現地時間の朝早くから、精力的に活動します。

アメリカの政府高官や大統領が来日するとき、多くの会議は、夜の9時や10時以降に行われることに気づいている人はいるでしょうか。

これは、アメリカの政府高官や大統領が、疲れているのに到着早々、親切にも会議をしてくれているわけではないのです。

日本の夜の９時は、東海岸の朝７時です。

アメリカ時間のまま、朝一番のすっきりした頭で会議に臨むため、この時間に設定されることがよくあるのです。


幸せに成功している人ほど、睡眠の大切さを知っています。

ただし、質の高い睡眠を得るために、どうすればいいかは人によって違います。

朝まで真っ暗な部屋を好む人がいる一方で、カーテンを開けておき、朝日とともに目覚めると調子がいい人もいます。

自分なりの方法を見つけて、実践するよう心がけましょう。

習慣❷

人を家に招く空間を持つ

人間関係が豊かで一流な人ほど、家の使い方のひとつに、「個人的な人脈を形成する場としている」ことがあります。

利害が絡まず、心から信頼できる友人をつくるには、自宅や別荘などのセカンドハウスに招くのが一番だと彼らは考えています。

なぜなら、**住まいはあなたのプライベートなスペースですから、そこに人を招くのは、心をオープンにするのと同じこと**だからです。

自分から心を開く人に対しては、誰でも自然に打ち解けます。そして、お互いに心を通わせる、深い付き合いができるようになるのです。

人生がうまくいっている人のほとんどは、自宅やセカンドハウスなどに人を招く習慣があります。

とはいえ、家族の中には、住まいに人を招くのに抵抗がある人もいるかもしれません。

そんなときは、人を呼ぶ前に、家族に対して「人を招くことで、人生にどんな流れをつくりたいのか」を丁寧に説明し、自分だけではなく、奥さんや子どもにもよい刺激になる場所をつくりたいことをしっかりと伝えましょう。

そのうえで、「和室はダメだけど、リビングならいい」など、オープンにする場所、しない場所を話し合って決めてください。

そうすることで、少しずつ、人を呼ぶことに抵抗がなくなっていくはずです。

慣れてきたら、１～２カ月に１回くらいの頻度で、ホームパーティーなどを開催するとよいでしょう。

家に人を招くときの、最大のポイントは、「どの人とどの人を会わせたら面白いか」考えることです。

たとえば、それぞれに取り組んでいることがあり、お互いに刺激になりそうな人たち。

似た価値観を持つ、異業種の人たち。

もしくは、第2章でご紹介した、保険代理店の女性のように、同じ目標があるメンバーの絆を深めたいときなど、さまざまなケースがあるでしょう。

あなたが中心となり、そうした場をセッティングすることで、家にはいろいろな関係を生み出す記憶が積み重なります。

それがまた、家に来る人に働きかけ、どんどん興味深いつながりが生まれていくという、好循環ができあがるのです。

ただ、いつも奥さんが料理を担当すると、負担に感じることもあるかもしれません。

ケースバイケースでケータリングサービスを使ったり、ポットラックパーティーという、持ち寄りの会を開催したりするのも一案です。

習慣❸

一人になれる場所を確保する

心を開いて仲間と交流することは、とても大切ですが、一方で、一流の人は、必ず自分一人になれる場所や環境をつくっています。

これは必ずしも、書斎や部屋を確保する必要はないのです。

私が提唱する、家族が皆で勉強などをする「ワークルーム」の一角に、考え事をするスペースをつくる。

もしくは、時間で区切り、皆の共有のデスクを、夜の9時から11時までは、自分一人で使うというのでもかまいません。

私の知り合いは、車で通勤する時間を、貴重な一人になる時間と考え、有効に過ごすために、快適な車に買い替えました。

また、会社に勤めながらも、特定の曜日の、特定の時間帯には打ち合わせを絶対に入れず、電話も取り次がないようにしている人もいます。
とにかく、一人で思案する場所と時間を必ずつくることが重要なのです。

日々の忙しさに追われてしまうと、自分の行動を振り返ったり、建設的に考えたりする時間が失われます。

目の前のやるべきことに集中するのは、価値あることですが、これからどうしたいか、自分はどうありたいかを常に確認していなければ、行き先を見失ってしまいます。

また、私自身もそうですが、メールや携帯電話などから自分を切り離し、ゆっくりいろいろ考える時間をつくることで、新しい発想やアイデアが生まれます。

あなたが、一人になれる場所を必要としているように、奥さんや子どもも同じように、自分だけのスペースを必要としています。
お互いに、気持ちをリセットしたり、自分の内面を振り返ったりする時間を持つことで、相手を思いやることのできる、よい関係が持続するのです。

習慣❹

ライフステージにあわせて住み替える

第3章で、住まいを「自分のやりたいことを実現する、先行投資の場」と考えているとお話ししました。

これは、具体的な行動としては、これから手に入れたいライフステージにあわせて、家の使い方を変えたり、引っ越したりするということです。

たとえば、子どもが大学に入り、家を出て通学し始めたとします。

すると、ほとんどのご両親は「子どもがいつ帰ってきてもいいように、部屋をそのままにしておいてあげよう」と考えます。

しかし、たとえ卒業してまた戻ってくるにしても、4年間もその状態で置いておくのは、せっかくの住まいを上手に使っているとは言えません。

荷物をどこかにまとめ、父親が書斎として使う。または、母親の趣味の部屋としてもいいでしょう。自分たちの新しい生活を豊かにする使い方をすればいいのです。

私が2世帯住宅を設計したご家族がいました。

ご夫婦は「いずれ自分たちだけの生活になったら、離れに住み、母屋をカフェレストランとして使いたい」という夢を持っていました。

そこで母屋は、カフェレストランになり得る、開放的な空間づくりをしました。

今はこのスペースは、子どもたちの遊び場や、家族のワークスペースとして使っていますが、将来、ここは人々が集まり、お茶を飲んでくつろげる場になることを意図して、夢をパッケージしたのです。

これまでの経験から、**実際に将来の夢をパッケージした家づくりをすると、徐々にその夢の流れを引き寄せることができる**と実感しています。

また、賃貸で暮らしている人は、比較的引っ越しも容易でしょう。

自分をどんどん成長させるツールとして、住まいを位置づけてみましょう。

環境を変えないと手に入らないものはたくさんあります。

一度住んでしまうと、引っ越しをすることが億劫《おっくう》に感じる人が多いのですが、目指す自分を実現する場として、住み替える、使い方を変えるという意識を持つことが、人生をうまくいかせるために大切なのです。

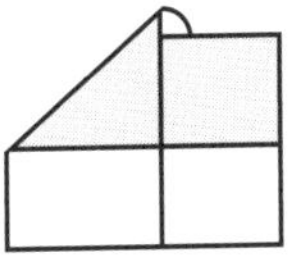

習慣❺
損得勘定だけで住まいを選ばない

賃貸で部屋を借りるとき、「家賃はこちらのほうが５０００円安い」と考える。

また、家を購入するときに、「同じプランなのにこっちのほうが50万円安い」「３月末までに契約したら１００万円値引きしてくれる」などといった理由も、住まいを決める一つのポイントになるかもしれません。

しかし、夢をどんどん実現させる人たちは、別の視点を併せ持っています。

なぜなら、**金銭的なメリットを最優先すると、その家で暮らす楽しみが見いだせずに、日々の暮らしが味気ないものになってしまう**ことが多いからです。

「この値段ならお買い得」「月々のローンもお手頃だ」といった、経済的な価値は、「こんな暮らしがしたい」という、目指すライフスタイルとは、直接結びついていいません。

ですから、それだけの理由で選んだ住まいは、手に入れたあと、その家をうまく活かして、夢を実現させようという意識にはなりにくいものです。

「この家に住むことが楽しい」という気持ちがあれば、喜んで毎月の家賃やローンの支払いをするでしょう。

しかし、「お買い得」だと思って住み始めた家も、そのために小遣いが減ったり、旅行やレジャーなどのやりたいことを我慢したりするようになると、生活の不満を家の家賃やローンが象徴するようになります。そして、だんだん、毎月の支払いが負担に感じるようになるのです。

あなたも「安いから」「セールだったから」といって買った衣類や雑貨で、結局気に入らなくて使わなかったという経験はありませんか。

金額だけでなく、吟味して、ほんとうに自分のライフスタイルに必要なものだと納得して購入したものは、愛着も湧き、長年使い続けるものです。

家賃が割安で部屋も広めだからという理由で、交通の便利な街中よりも、郊外の戸建て住宅に引っ越した家族がいました。

山が近いせいか、引っ越した場所の平均気温は、街中より３℃も低く、光熱費の負担が増えたそうです。さらに、交通費はかさむし、寒さのために家族も体調を崩しがちになり、病院によく通うようになり、節約のために引っ越したのに、逆に出費が増えてしまったそうです。この話は他人ごとではなく、現在、そこまで考えずに住まいを手に入れた結果、支払いができなくなって家を手放しているケースも多いので注意が必要です。

自分たちの夢を盛り込み、やりたいことが実現できる住まいであれば、家賃やローンの支払いが、ストレスに感じることは少ないでしょう。

そして、住まいで暮らすことに満足し、うまく活用すれば、願いをどんどん叶えることができるのです。

習慣❻ 風水、家相も情報源のひとつとして活用する

家相や風水は、一般的には「こんな配置をしてはいけない」「この状態だと運が落ちる」など、避けるべきことを伝えるものだと思われがちです。

確かにそういう側面もあります。でも、家相や風水は、もともと先人が試してよかったことをまとめたものです。

家相や風水を活用して効果を実感しているひとは、「こうしてはいけない」とい

う制限を気にしてコントロールされるのではなく、**「こうしたら運気がみるみる高くなった」という智恵の集大成として活用している**のです。

風水や家相は、それぞれの専門書で詳しく書かれていますので、深く勉強をしたい方は、それらをご覧ください。ここでは、パフォーマンスが発揮しやすい環境活用法という視点で、家相の各方位の活用法を紹介しましょう。

まず、あなたの住んでいる家やオフィスの間取りの中心からみた東、西、南、北、東南、西南、北西、北東方位をイメージしてください。

その中で、クリエイティブな発想をするのは南が相応《ふさわ》しいと言われています。

次に、情報収集や、情報をまとめる作業がはかどるのは東と東南です。

また、コツコツと積み重ねて、器を磨くような仕事は西南で行うとよいでしょう。

人が訪ねてきたとき、ワイワイ楽しむのは西が、一人になって落ち着くのは北と北東がピッタリです。

一般的な人ほど、家相や風水などを「あやしい」と思い敬遠するのに比べ、彼らは、情報のひとつとして、うまく取り入れて活用しています。

家相や風水がいかがわしいものだと思われる理由の一つは、さまざまな流派が乱立し、それぞれの主張が異なるからです。

次に、残念ながら、住まいの悪い点ばかりをあげて、相談者を不安に陥れ、思い通りにコントロールし、お金を取ろうとする鑑定士もなかにはいるからです。

「自分の言うことを聞かなければ、悪い状況は変わらない」と言う鑑定士には、注意が必要です。

信頼できる鑑定士を見つけるためには、あなたの疑問や質問に答えず「自分の言うことが、全部正しい」という人は、避けたほうがよいでしょう。

また、風水や家相を利用する側にも、注意が一つ必要です。

もし、**「今の家の間取りが悪い」と言われたとき、リフォームや引っ越しをする覚悟がないのであれば、安易に「今の間取りの影響を、鑑定して教えてほしい」とお願いしないほうがいい**のです。

なぜなら、もし悪い結果がでたとき、間取りを変えるつもりがなかったら、「運が悪い家に住んでいる」という意識だけが残ります。

すると、なにか起こるたびに「家が悪いからだ」と考え、その記憶が蓄積してい

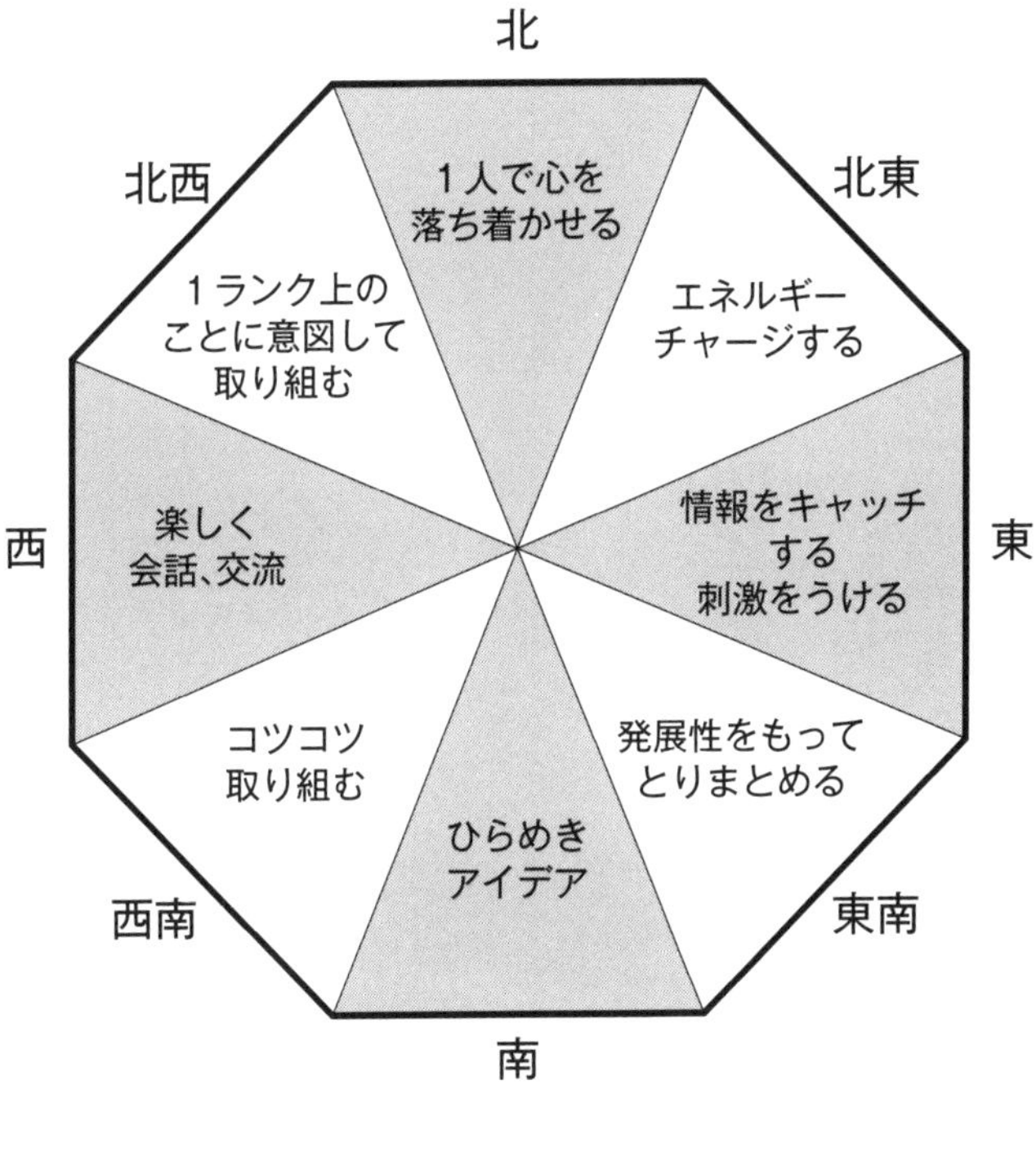
北
北東
東
東南
南
西南
西
北西
１人で心を
落ち着かせる
エネルギー
チャージする
情報をキャッチ
する
刺激をうける
発展性をもって
とりまとめる
ひらめき
アイデア
コツコツ
取り組む
楽しく
会話、交流
１ランク上の
ことに意図して
取り組む

きます。そして、ネガティブな気持ちで暮らすだけで、改善する努力をしなくなれば、ますます運が落ち込んでしまいます。

そのことをよく知る鑑定士は、「鑑定してほしい」と依頼されても、「リフォームか引っ越しすることを考えていますか?」と尋ねてくるはずです。

鑑定する前に、そのことを確認する鑑定士は、信頼できる人でしょう。また、実際に鑑定をお願いしたことがある、知り合いの評判を聞くのも確実な方法だと言えるでしょう。

習慣❼

人に自慢できる場所を持つ

家が好きな成功者は、家が好きな象徴として、必ず自慢の場所やものを持ち、家に招かれると、必ず「ちょっと、これ見てよ!」と、そうした場所に案内されます。

普段、どれだけ謙虚な人でも、家に関しては「自慢の場所やもの」があるのですから、面白いものです。

ある人の家では、書斎に案内され、「この部屋にいると、仕事がはかどるんだよ、いいでしょ、この机」と、オーダーメイドのデスクや本棚を見せてもらいました。

別の人の家に招かれたときは、暖炉にこだわりがありました。普段は料理をしない旦那さんが、ホームパーティーをするときは、暖炉を使ってピザを焼き、シチューをつくるのだそうです。

先祖代々受け継いでいる、アンティークの椅子やテーブルを、よい状態で保存し、実際に毎日の生活で使用しているご家族もいます。

窓から見える景色が自慢で、「ここに座って見ると、最高だよ」と、案内してくれた人もいます。

ほかにも、大きなスクリーンを設置し、シアタールームをつくっている方や、シャンデリアが飾られた、豪華なトイレの家もありました。

さらに海外では、自慢のライブラリーを持ち、さまざまな蔵書を見せてもらうことも多くあります。

また、家が大好きな成功者は、自慢の場所以外でも、身の回りに置くものは、ほんとうに気に入ったものを厳選しています。

「安かったから」「どうせすぐ壊れるから」と妥協して、好きでもないものを買うことはありません。なにかほしいものがあっても、「これがいい！」と思えるものに出会うまでは、安易に買い物はしません。

気に入ったものだけに囲まれた、居心地のいい空間で英気を養い、人生がうまくいくからこそ、また家が好きになるのです。

習慣❽

家に愛着を持つ工夫をしている

私は長年、家の設計をしていて、興味深いことに気づきました。それは**「人と家の関係は、男女の恋愛関係に似ている」**ということです。

友人の恋愛セラピストに聞くと、恋愛には、大きく3つのステージがあると言います。

まず、お互いに好きになったばかりで、相手が何をしても、どんな状態でも好きでいられる初期のころ。

次に、しばらくすると、理想と現実のギャップが見え、「あれ、なんか思っていたのと違う……」と感じます。

最後に、違いばかりが目につき、お互いに嫌になってくる倦怠期が訪れます。

最初の熱が冷めるころに、自分の甘い期待を見直し、相手のよい点にも目を向ければ、恋愛は別の形に発展し、長続きするものになります。

それなのに、求める形の恋愛でないのを、相手のせいばかりにしていると、そのうち破局が訪れてしまいます。


家を求める人たちにも、同じような感情の揺れ動きがあるのです。

多くの人たちは「家を買おう」と思うと、モデルルームや住宅展示場を訪れます。

そして上手にディスプレイされた、おしゃれな家具などの雰囲気に魅了され、「この家、素敵！」と一目惚れして購入します。

これが、恋愛が始まったばかりの時期に重なります。

しばらくすると、盛り上がった気持ちが収まり、「なんだか、自分の抱いていたイメージと違う」と感じ始めます。

その違和感を抱えたまま、なにもせずに暮らし続けると、家が好きでなくなり、「こんなものなのかな」と思いながら、家と冷めた関係を続けることになります。

家族の希望やライフスタイルにあわせて設計した家でも、気持ちの触れ幅は少なくても、似たようなことは起こります。

しかし、たとえどうやって住宅を手に入れたにせよ、家との関係性を健全に保っている人は、家との関係が絶縁状態になってしまう前に、先に申し上げた「自慢できる場所を持つ」ことをしたり、ほかにも家のよい面を見直したりして、家を好きでい続ける工夫をしています。

「窓から見える海の景色が最高！」だと思って引っ越した家なのに、何年もすると、海のそばは、ものが錆びるからイヤだとか、よくない面が目につき、景色を見ても以前ほど気持ちが高まらなくなったとします。

そんな倦怠期のような状態になりそうだと感じたら、庭にテーブルとチェアーを置いて、ランチを楽しみながら海を眺めるなど、新しい試みをしたり、「夜景もすばらしいから、外に出かけなくても楽しい」「海が好きな人がご近所にいて、よい友人になった」など、ほかのよい点に、目を向けたりするのです。

そして、家の中も好きなものでいっぱいにしたり、簡単なリフォームを施したりして、家によい感情を持ち続けられるように意識することで、家とのよい関係が長続きします。

人間関係も、親しさに甘えてしまうと、うまくいかなくなることがあります。住まいに対しても同様です。

好きだからこそ大事にする、そして、好きでい続けるために力を注ぐから、家の価値を実感し、もっと家が好きになるのです。

習慣❾

書斎をつくるときは先に家事室を設ける

男性のほとんどが、一人になれる空間として、書斎を持つことに憧れます。

ところが残念なことに、実際に書斎をつくった家の９割は、書斎があまり使われず、物置や納戸になってしまっているのです。

これは、書斎を活用して何をしたいか、そしてどうなりたいかを明確にしていないため、使わなくなってしまうのが大きな理由です。

目的があれば、奥さんや子どもも理解してくれるのですが、旦那さんが、理由もなく一人で個室にこもると、家族は疎外された気持ちになり、関係がぎくしゃくしてしまうのも、書斎を使わなくなる原因だと言えるでしょう。

ところが、「習慣３」でもお伝えしたように幸せに成功している人たちは、住まいに必ず、一人になれる空間や書斎を持ち、うまく活用しています。

彼らは、書斎でやりたいことが明確であるのと同時に、部屋の使い方で家族への心配りを示しているので、応援されているのです。

これはどういうことかというと、彼らは、自分の書斎をつくる前に、家で長い時間を過ごし、守ってくれる、奥さん専用の領域を整えてあげています。

スペースがあるときは家事室をつくり、ない場合でも、居心地がよく過ごせる場所を確保し、そのあとで、自分の書斎をつくっているのです。

これは、子どもに対しても同様です。
ある程度の年齢になったら、子どもが自分の時間を過ごせる場所を優先して準備します。

まずは**家族の居場所を最初に整えてあげると、奥さんや子どもの心が安定します。**
それから、自分の希望を叶えるよう心がけることで、憧れの書斎が、実際に人生によい影響を及ぼす空間になり得るのです。

習慣⑩
家の性格を知りうまく付き合う

人と家との関係は、男女の関係に似ているとお話ししました。
ですから、お互いに好きでいられるよう努力すると、よい関係が長く持続します。

また、人間と同じように、住まいにもそれぞれ「性格」があります。

家のことを好きでい続けられる人は「家の性格」を知り、うまく付き合っているのが、大きな特徴だと言えるでしょう。


いったい「家の性格」とは何のことでしょうか？

ひとつには、私たちの住まいは、建物の立地や構造により、たとえ同じ間取りのマンションの部屋でも、光の入り具合が違いますし、見える風景も違います。

また、多くの方が知らないものの一つに「地磁気の状態」があります。

前述しましたが、この地磁気が狂っていると、住む人の体調や精神状態に大きく影響することがわかってきています。一言でいうと、居心地がよくなく、エネルギーダウンにつながります。コンパスを使ったとき、針がきちんと北を指さず、部屋の場所によっては、針の方向がバラバラな場所は地磁気が乱れています。

リビングの地磁気は整っているけど、寝室のひとつとリビングの隣の和室は地磁気が狂っているなど、地磁気の状態は家によって千差万別です。

私はそうした家の状態のことを総じて、「家の性格」と呼んでいます。

家の性格を知るためには、まず、すべての場所の地磁気を測ってみることです。

「玄関はコンパスの針がきちんと北を指している」

「リビングも同じで、コンパスが動かないから、地磁気は整っているな」

「隣の部屋はどうだろう」

「あれ、なんだか柱の付近で針が揺れる」

「リビングの横の和室はどうだ」

「ここは、針が動かないから大丈夫だ」

「玄関の横の部屋はどうかな」

「ここは、すごい乱れてるぞ」

というように、家の中のどの場所の地磁気がどうなっているかを知ることで、家の性格を把握することができます。


地磁気の乱れは、やる気や集中力に大きな影響を及ぼします。

とはいえ、少しくらいの地磁気の乱れは、そのエリアに観葉植物を置くと改善するなどの方法もあります。

しかし、マンションなどの場合は、大幅に乱れているところを直すのは難しい場合が多くあります。

そんなとき、家の性格とうまく付き合うためには、部屋の使い方を変えてみるのです。

つまり、地磁気が大きく乱れている場所は、長居しないようにします。

たとえば、コンパスの針がぐるっと回るような部屋は、納戸や物置のように、荷物を置く部屋にする。そして、子どもたちは、地磁気のあまり乱れていないダイニングで勉強させる。

和室の地磁気が整っているなら、できるだけ和室に長くいられるよう、テレビを置き、両親は夜、布団を敷いて寝る。

このように、地磁気が乱れていない場所で、長い時間を過ごすよう心がけることで、家の性格と折り合いをつけ、住まいを上手に活かすことができるのです。

習慣⓫

室温、湿度にこだわる

住まいをエネルギーチャージする場所と考えると、適切な温度と湿度管理が重要になります。

近年は、省エネの観点から、エアコンの温度設定を、家庭では、夏は28度、冬は20度、オフィスでは夏は26度、冬は22度程度にしようという動きが高まっています。

省エネという観点では、地球にやさしく必要不可欠なことだと思いますが、パフォーマンスをしっかり発揮するためには、この温度では難しいのです。

なぜなら生産性を向上させるために最適とされている室温は約24度と言われているからです。

これより1度下がるごとに、作業効率が2%も低下し、20度になると、ミスが続出したという調査結果があります。**クールビズにしてもウォームビズにしても行き**

過ぎると、集中力と生産性を落として、逆に長時間空調が必要になるのなら本末転倒です。

多くの人が、「まさかオフィスの室温が自分の能力をこんなにも阻害していたとは」と驚くことでしょう。

また、室温が16度になると、呼吸器障害や心疾患など深刻なリスクが現れると言われていて、実際にアメリカでは、州によって賃貸住宅の室内温度に最低ラインを決めており、16度以下になると罰金を科せられるところもあります。

ドイツを中心とした省エネ先進国でも、寒さと健康の相関関係について、研究が進められており、「寒い家は危険だ」というのが、世界の認識です。

それなのに私たちは、なんとなく「気温が低いほうが頭がシャキッとする」と考え、冬でも低めの温度を好みがちですが、よいパフォーマンスに最適な温度は、意外に高めなのです。

私の知り合いの、ある経営者は、「多少、電気代がかかっても、24～25度で社員の能力が高まり効率が上がるなら、そのほうがよっぽど経費削減になる」と言っていました。

湿度に関しても気をつけなければなりません。年間通じて快適と言われている湿度は40〜60％です。それに対して夏は70％以上、冬は30％以下になるケースも多く見受けられます。

インフルエンザのウイルスを浮遊させ、温度や湿度を変えてウイルスの生存率を見た実験では、温度を21〜24度、湿度を20％に維持したときは、6時間後の生存率が60％だったのが、温度はそのままで湿度を50％に変えると、生存率が極端に下がり、3〜5％になります。

このように、湿度が50％以下と低いままだと、家の中でインフルエンザに空気感染する確率が非常に高くなります。

湿度には案外、意識が行かない方が多いのですが、パフォーマンスを持続させるためには、温度とともに湿度にも気を配っていただきたいと思います。

習慣⑫

リビング、ダイニングをフル活用している

家族とのコミュニケーションを深め、お互いに理解し、応援し合う関係を維持するためには、リビング、ダイニングルームを活用することが欠かせません。

まず、ダイニングルームの本来の役割は、食事をすることです。

食事というのは、ただ単に栄養を補給するだけではありません。

誰かと一緒に食事をするのは、「ものを食べる」という本能からくる行動、そして、生活の一部を共有することで、お互いに打ち解けて、関係を深める役割を果たします。

家族以外の人とも、親しくなりたいと思うと「食事をしよう」「お酒を飲みに行こう」と誘い合うことがあります。

そうしたことから、ダイニングルームは、家族、とくに子どもにとっては、食事をしながら、人とよい関係を築き、コミュニケーションの基本を学ぶ場だといえるでしょう。

次にリビングルームは、家族が集まり、楽しみながら、お互いの関係に配慮しつつ、コミュニケーションをとる場所です。

また子どもにとっては、リビングルームは、社会の縮図です。

子どもや両親、ときには祖父祖母、また、家族の友人など、年齢、性別がさまざまな人が集まり、その場に応じた適切な会話や対応をする。

そうした経験を積むことによって子どもは、社会に出たときに出会うであろう、さまざまな人たちとコミュニケーションができるようになるのです。

ダイニングルームとリビングルームは、共にコミュニケーションをとる場所ですが、最も大きな違いは、ダイニングルームはより身近な人間関係を築く場であり、リビングルームは社会的な関係を学ぶところだということです。

ダイニングルームは、本音を身近な人たちで語る場として使い、仕事や人間関係の悩みなどを相談し合うのがよいでしょう。子どももそういったオープンな家族関係に触れることで、人の心に触れる重要性を身につけていきます。

リビングルームでは、どちらかというと、テレビを見ながら、番組についての意見を言ったり、ディスカッションしたりするのに相応しい場所です。また子どもの自発的なリビングでのコミュニケーションをサポートしてあげることは、子どもの自立に直結します。そして、子どもの自立は、家族関係の良好なバランスをとるためにも大きな鍵になります。

こうした違いを意識して、リビング、ダイニングルームを活用すると、お互いの悩みや意見について、よく知ることができ、よりよい家族との関係を構築することができるのです。

私の経験からも、リビングダイニングをこのように意図的に使っている家族ほど、家族の関係もバランスがとれていて、応援し合える好循環を生み出していると言えます。

習慣⑬
居心地の良さをキープする工夫をしている

「習慣8」で、幸せに成功している人は、気持ちを常にフレッシュに保ち「家に愛着を持つ工夫をしている」とお話ししました。家とのよい関係を保っている人は、それと同時に、体で感じる気持ちよさも大切にし、自分自身が常に居心地よく暮らせる工夫もしています。

私の友人はこんな話をしてくれました。

「いつも座っている椅子なんだけど、ときには、なんとなく落ち着かない日がある。

そんなとき、そのままにしておくと、次にその椅子に座ると、また、同じ気分がよみがえってくるんだ。だから、なんとなく変な気分になったら、すぐに立ち上がって、部屋の空気を入れ換えたり、椅子のカバーを替えたりする。そうすると、気持ちがリフレッシュして、またその椅子の居心地がよくなるんだよ」

自分好みに整えた空間でも、しばらくすると、新鮮さを失い、前と同じようなウキウキした気分にならないことがあります。

そんなときは、物理的に何かを変え、新たな気持ちで家と接するようにするのです。

たとえば、窓を開けて換気をする、掃除機をかける、たまっている荷物を整理する、自分の好きな音楽をかけるなど、できることからやってみましょう。

余裕があれば、絵を飾る、カーテンやベッドカバーを替える、観葉植物を置く、または、部屋の模様替えをするなどを行い、リフレッシュします。

「自分で居心地の良さを維持する」という意識を持つことで、家とのよい関係を続けることができるのです。

事例⑭

トイレを自慢できるくらい キレイにしている

みるみるうちに幸せに成功していく人たちの自宅にうかがうと、トイレがきれいなことに驚きます。

ピカピカで清潔にしているのは当たり前。

さらに、人に見せて自慢できるくらい、凝ったつくりだったり、部屋のようにイメージを統一した内装だったりするのです。

家の使い方が間違っていると、私たちは、マイナスのエネルギーに影響を受けるというお話をしました。

しかしこれは逆に、普段の生活が混乱していればしているほど、住まいの状態も乱れがちになるということです。

トイレは住む人の心、家族の心理状態を表していると私は考えます。

トイレが汚れている家に住む人は、心にさまざまな悩みや葛藤を抱え、なかなか物事に集中して取り組めなくなっています。

反対に、トイレが清潔できちんと整理されている家に住む人たちは、自分たちの心の中も落ちついていて、心もクリアに整っています。

そして、トイレを他人にオープンにできる人は、やるべきことをしっかりとこなしている自信にあふれ、高いパフォーマンスを発揮することができるのです。

一般的にも、「トイレをキレイにすると金運がよくなる」などといわれています。

トイレ掃除をすることで、成功したという人も少なからずいます。

これは、人がやりたがらないことを、下を向いて黙々とやることで、謙虚な気持ちになれるので、まわりの人にサポートしてもらえる状況になりやすいから、人生や金運がよくなるのではないかと、私は幸せに成功していく人たちを見てそう思っています。

また、風水や家相でも「トイレをきれいにすることが重要」とほとんどの流派で言っています。

便器は私たちの排泄《はいせつ》物を受け止めてくれるもの。ですから、最も厄《やく》がたまりやすいといわれています。そのため、トイレをきれいに保つことが、住む人の運気、とくに生活の基盤となる金運を高めるといわれる所以《ゆえん》なのではないでしょうか。

また、トイレが心の表れだとしたら、「おや、最近トイレが汚れているな。これは、自分の心が疲れているサインかも」と感じながら、トイレ掃除をしてみましょう。トイレをきれいにすることで、心がよい状態になれば、物事の流れが整い、その結果、お金の巡りがよくなるという循環も生まれるのだと思います。

習慣⑮

自分しか座らない椅子を持っている

一般的に父親は母親に比べ、家庭にいて家族と過ごす時間が多くありません。
また子どもには、話して聞かせない限り、父親が外で何をやっているのか、そしてどれだけ労力をつぎ込んで、家族を養っているかが伝わりにくいものです。
日ごろから、父親を敬うように躾《しつ》けることも大切ですが、何度も言わなくても、父親の存在感を高め、尊敬に値するということを、部屋の使い方で伝える方法があります。

それが、**父親しか座らない椅子をつくる**ことです。

あまり耳にすることはないかもしれませんが、家族にも応援されビジネスでも結果を出している人は、興味深いことに必ず自分だけしか座らない椅子が家にあります。

この椅子は、お客さんが来ても座らせない。子どもが座ろうとしたら、母親が「そこはダメよ」と注意する。そうすることで、父親の重要性が家族に伝わり、自然と敬意を払われるようになるのです。

昔の日本には「父親は上座に座る」「ご飯は最初に食べる」などの習慣がありました。

しかし現代では、家族の中で、そこまで特別扱いすることはありません。

ただ、一家のために働いていることで、家族から敬われれば、父親は自信とプライドを維持し、もっと家族のためにがんばろうという気持ちになります。

また家族も、そうやって精力的に働いてくれる父親を大切にしなければと感じ、お互いに思いやれる、よい家族のバランスが築かれるのです。

習慣⑯

徹底的に家事動線にこだわっている

ビジネスで成果を上げている人や富裕層など、一流になればなるほど、自宅の家事動線に徹底的にこだわる傾向があります。一定規模以上の家になると、お手伝いさんに家事全般をお願いすることもあります。その時に、プライベートゾーンとお手伝いさんがいるゾーンを明確に分けないと、家の居心地は極端に悪くなります。

また、家族自身で家事を行うこともありますが、食器をしまう場所、料理の効率的な動線計画、ホームパーティーを開く場合の作業動線に始まり、洗濯機を数台設置する、室内物干し場を設置する、洗濯物を適材適所に収納するなど、限られた時間で家事全般がストレスになることなく、楽しめるための工夫やこだわりが徹底しています。なぜなら、**家事全般のストレスが、家族関係や夫婦関係にひずみをきた**

し、**家族からの応援を得にくい原因になる**ことを知っているからです。

それに対して、一般の家庭になればなるほど、家事動線を意識することが減ってきます。たとえば、洗濯物をたたむのに最適なバルコニーそばのカウンターに、いつも別のものが乗っているので仕方なくほかの場所で作業していたり、洗面所周りに下着やタオルなどを収納する場所がないために、お風呂に入るときに行ったり来たりする、雨が降ると洗濯物をもう一度洗い直しするなど、言われてみて初めて効率の悪さを実感することもあります。

効率の悪さを改善するためには、効率の悪さ自体を認識して初めて具体的な対策を考えることができるようになります。家事動線のストレス解消が、家族に応援してもらえる好循環に入るための重要な鍵だと思って、積極的に取り組んでみましょう。お勧めは、家事動線などを見直してくれる整理収納アドバイザーに相談することです。何百という事例から、自分たち家族に最適な家事動線をアドバイスしてくれるでしょう。

習慣⑰

家以外にもクリエイティブになれる場所がある

本章では、一流の成功者が実際、住まいをどう活用して、人生に役立てているかの例をご紹介してきましたが、ハイパフォーマンスをあげている人は、家以外の空間も巧みに利用しています。そして**一流になればなるほど、全世界に自分のお気に入りの場所をもってライフスタイルをエンジョイしている**ことも興味深いところです。

身近な例からお伝えすると、お気に入りのカフェやホテルのラウンジを持ち、大事なミーティングで使う。

また、新幹線で出張に行くなら、グリーン車に乗り、そこで考えごとをしたり、企画を練ったりする。出張の多いエグゼクティブには、隣席まで席を確保して、グリーン車を完全に自分の集中するためのオフィス空間にするなど徹底的な人もいます。

ほかにも、車を運転していると、よい発想が浮かぶという人もいます。その人は、アイデアを出す必要があるときは、とにかく車に乗り、思いのまま車を走らせます。

そうして、家以外の空間を活用した結果、新幹線のグリーン車に乗っていたときに書き上げた企画書が採用された。

一流ホテルのラウンジで、1年間の抱負を書き出したら、書いたものがすべて実現した。

気のあう仲間とランチをとっていたら、行き詰まっていた仕事の解決策が浮かんだ。近くの図書館に行ったら、人生の転機のきっかけになった本に出合った。

スポーツジムで汗を流したあと、お風呂で思いついたアイデアで、コンペに勝利した、など、成果を出した話をたくさん耳にします。

ただ、こうした場所の使い方には、全員に当てはまる法則はありません。

ある人は、サウナに入っていると、いろいろ思い浮かぶと言いますし、公園を散歩していると次々にアイデアが湧くという人もいます。

人によって、気分が乗りやすい状況は異なります。

ですから自分なりに、家の中以外で、どこを使うとどんな影響を受けるかを、分析しておくのがポイントです。そして、必要なときにそうした場を使い分けるといいでしょう。

まずは、意識しながらそれぞれの場所を試しに使ってみることが第一歩です。

第5章

今すぐできる!
「環境のワナ」から脱出する方法

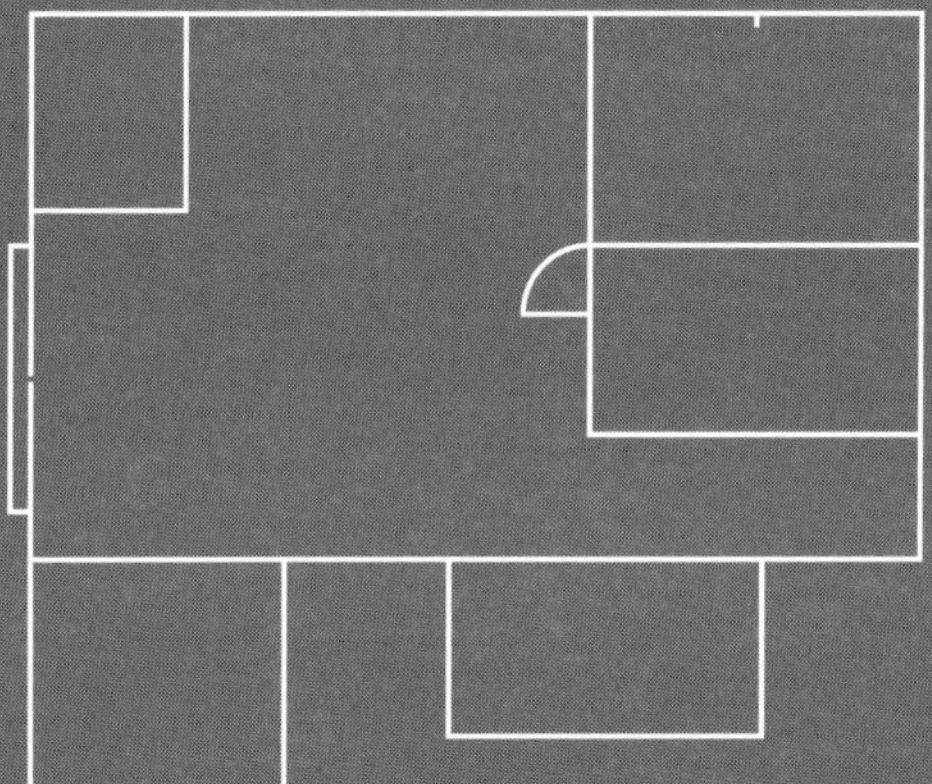

ここまでご覧いただいたあなたには「環境のワナ」がどういったものかを実感していただけたでしょう。また、環境をどのように活用することで物事を好転させることができるかも見えてきたことと思います。

身の回りの環境を整えるためには、必ずしも引っ越したり、家を改装したりする必要はありません。大幅に変えることができないときでも、ちょっとした工夫で、人生の流れを好転させることは可能なのです。

本章では、読んだあとにすぐに実践できる、現状を改善するための環境の活かし方や環境のワナから脱出するための具体的な方法をご紹介していきましょう。

お気に入りの場所とそうでないところを紙に書き出す

最初にやってみてほしいのが、お気に入りの場所と、そうでないところを書き出して、明確にすることです。

「空間が人生に影響を及ぼす」ということを知らないと、私たちは身の回りの環境の使い方を意識することはありません。

そして、気づかないまま、空間の持つエネルギーに状況を左右されてしまうのです。

家の中で、「なんとなく、気持ちが暗くなる」という場所はありませんか。またオフィスでも、「ここで会議をすると、いつも議論になる」部屋はないでしょうか。

逆に考えてみれば、「ここにいると落ち着く」「いつも楽しい会話が続く」というところもあるはずです。

そうした場所を、常に意識してもらうよう、第3章でもお話ししましたが、頭の中に思い浮かべるだけでなく、手を使って書き出していくと、普段から空間に対する感性がどんどん高まっていきます。

書き出すことで、これまで気にしていなかった、自分が心地よく感じる場所、反対に居心地の悪い場所を、より明確に意識することができるようになります。

そして、不快に感じる場所は、できるだけうまく避けて使うようにしてみましょう。

たとえば、いつも上司との打ち合わせをするデスクが、落ち着かない。どんなに努力しても、いつもあまりよくない雰囲気になってしまうという場合、できれば、打ち合わせする場所を居心地の良い場所へ変えてみてください。すると、いつもと流れが変わったことを体感実感できるでしょう。

住まいでも「なぜか、ここにいると、思考が暗くなる」という場所があったら、椅子やテーブルの位置を変える。よい気分になれないところには長居しないなど、工夫してみましょう。

家とオフィスでコンパスを持って歩こう

これまでもお伝えしたように、地磁気の乱れは、私たちの体調ばかりか、集中力などのパフォーマンスにも強く作用します。

日ごろ使う場所の、地磁気がどうなっているかを調べるのは簡単です。

磁石の作用で方位を知ることができる、コンパスをひとつ、用意してください。

そして、家のそれぞれの部屋や自分のデスクまわり、そしてオフィスでよく使う場所などの方位を確認するのです。

コンパスの針が正しい方位を指していれば、地磁気が整っています。

北に向けているはずなのに、針がグラグラ揺れる、コンパスを動かしていないのに、針がまわるなど、針が不安定な動きをする場所は、地磁気が乱れています。

地磁気の状態をチェックするときのポイントは、部屋のあちこちではなく、部屋の四隅と中央、そして、柱のそばを確認することです。

さらに、こうした地磁気を調べる場所の、床から１・５メートル位の高さまでコンパスを上下させてみてください。

日常生活では、椅子やソファなどに座ることが多く、床から１・５メートルというのは、日ごろ、多くの時間を過ごす範囲にあたります。

不思議なことに、床の位置では地磁気の乱れがなくても、垂直に持ち上げると、針が大きく動くことがあります。逆に、床面が乱れていても、垂直に持ち上げていくと、針が正常に北を指す場合もあります。

そして、どこの地磁気がどうなっているのか確認したら、住まいであれば、そこで過ごす時間を短くします。

オフィスのデスクまわりも同様に、確認してみましょう。

オフィスであれば、たとえば、商談コーナーで地磁気の状態がわかったら、乱れているところを使わない。上司と打ち合わせするときも、できるだけ地磁気の整った場所でするなど、可能な限り近寄らないようにすることです。

とはいえ、自分のデスクのまわりの地磁気が乱れている。しかし、レイアウトの変更はとうぶん無理そうだ、ということもあるかもしれません。

そんなときは、後ほど紹介する、地磁気の乱れを改善する方法がありますので、試してみてください。

大切な打ち合わせのときは柱のそばを避ける

鉄筋コンクリートの柱のまわりは、必ず地磁気が乱れています。

それなのに、一流ホテルのラウンジでさえ、柱のそばやまわりに、ゆったりとしたソファや、座り心地のよさそうな椅子などを配置しているのをよく見かけます。

しかし、**どれだけ雰囲気がよく、設備が豪華でも、大切な打ち合わせのときは、絶対に柱のまわりに座ってはいけません。**

具体的に、地磁気が乱れている場所にいるとどうなるかというと、なぜだかわからないけど、気が散ってしまう。目の前の相手の話に集中できない。さらには、その相手といることが居心地悪いと感じてしまうのです。

ですから、もし、大事なお客さんとの初めてのミーティングで、柱のまわりに座ってしまうと、あなたの第一印象が「なんだか、気まずい相手だ」と、感じさせてしまう可能性が高まります。

さらには、自分も注意力が散漫になりがちですから、いつものように話せない、説得力に欠けるといったことになり、いい結果になりにくくなります。

知らずに柱のそばに座ってしまっただけで、重要な打ち合わせがスムーズにいかない。そんなことを避けるため、大切な相手と会うときはもちろん、日ごろから、柱のまわりには、近寄らないようにしたいものです。

険悪な雰囲気になりやすい会議室は名前を変える

オフィスで、いつも険悪な雰囲気になりやすい会議室がある。

しかし、部屋数が限られているので、そこを使わざるを得ないこともたびたびある。

そんな状況のときは、**蓄積されている記憶を覆すほど、強いインパクトを与える何かを部屋に置くと、その場所を使う人の印象が変わり、空間の影響を受けづらくなります。**

たとえば、リゾートの風景のポスターや、明るい色を使った絵などもいいでしょう。

また、可能であれば、草木や動物など、壁を装飾するステッカーを貼ったり、壁の一面の色を変えたりするのも効果的です。

そうしたことができないときは、会議室に名前をつける、もしくは、すでに名前があるなら、変えてみるのも一案です。

ある出版社の会議室は、サンモリッツやモルジブなど、それぞれに世界のリゾート地の名前がついていました。

こんな名前がついていると、そこに行くのが楽しみになりませんか。

名前を付けることができないのであれば、自分たちだけでも呼び名を変えてみましょう。

たとえば、「今日10時から、第1会議室に集まる」ではなく、「今日10時から、陽だまり会議室に集合」、「せせらぎポイントに集まる」など、皆がよい印象を持つ名前で呼んでみるのです。

そうして、明るいイメージを持って会議室を使えば、空間に受ける影響を、最小限に抑えることができるのです。

電磁波を抑える工夫を取り入れる

家電製品の中でも、とくに仕事などで、日常的に使用する機会が多いパソコンは、強い電磁波を発生しています。

地磁気と同様に、人体に悪影響を及ぼすと言われているのが、電磁波です。

パソコンから発する電磁波を和らげるために効果的なのは、アースをつけることです。

アースをつけることは、漏電による感電防止にはなるものの、電磁波を軽減するには役に立たないという意見もあります。しかし、アースは、電気を使うことによって発生する、電磁波の一部である、電場を抑制する作用がありますので、体へのインパクトを軽くする効果があります。

また私は、実際に電磁波の影響を減らすことで、デスクワークの疲れが軽減することを、体感しています。

デスクトップパソコンは、必ず電源が3極になっており、1極がアースになっていますので、アース付コンセントを使ってください。

ノートパソコンは、アース線のついていないものが多くありますが、アースターミナル付アースコンセントを設置し、コンセントのアース端子と、ノートパソコンの金属部分を銅線でつなぐことで、電磁波の影響を大幅に減らすことができます。

アース付コンセントに変えることができない、もしくは、ノートパソコンで銅線でつなぐことができない場合、貼り付けるだけで電磁波を軽減するグッズも販売されていますので、こうしたものを活用するのもいいでしょう。

また、子ども用のデスクによくある、照明が組み込まれているタイプや、ベッドのヘッドボードに照明やコンセントが備え付けられているものは、電気をつけていなくても、コンセントにプラグが入っていれば、常に帯電して電磁波を発生させています。

できれば、備え付けのものは使用せず、照明は付近の壁に設置したり、スタンドを用意したりすることをお勧めします。

新幹線はグリーン車の通路側に座る

ビジネスの出張や旅行で、新幹線を使う機会がある人も多いでしょう。

ところが、新幹線でも、電磁波の影響を受ける可能性があることが指摘されています。

新幹線は、動力となるモーターや電気が流れる架線から、電磁波が生まれているという説があり、窓側の席ほど電磁波の悪影響がもたらされると言われています。

実際に、出張で新幹線の移動が多いと疲れやすい人が、通路側に座るよう心がけたところ、疲労が軽減されたという話があります。

また、乗り物酔いをしやすい人が、同様に、通路側の席を選ぶようにしたら、普段より症状が軽かったとも言います。

乗り物に弱い人は、窓際に座って景色を眺めるといいとよく言われていますが、新幹線では、通路側に座ることで、気分が改善されることもあるのです。

観葉植物を置く

デスクまわりの地磁気が乱れているけど、どうしてもデスクを移動できない。

または、ダイニングの地磁気が乱れているけど、そこを使わざるを得ない。

どうしても、地磁気の乱れを避けられない場合、できることのひとつは、観葉植物を置くことです。

科学的には検証中ですが、樹木の質そのものが、その場のエネルギーのバランスを整え、地磁気の状態を改善すると考えられています。

地磁気が乱れている場所に、観葉植物を置いて、測り直してみてください。

必ず少しでも改善されているはずです。

また、緑が目に入る環境にいると、目の疲れが癒されます。

ただしこれは、つくりものの植物では、効果が少ないことがわかっています。

グリーンがそばにあり、目の届くところにあると、人間はα《アルファ》波が増幅され、リラックスするといわれています。

そのため、観葉植物は、心を落ち着かせ、雑音に惑わされなくしてくれるのです。

さらに、観葉植物を部屋に置くと、室温や湿度を快適な環境に維持したり、カビの発生を抑制したりするという研究結果もあります。

成功者が使っているホテルラウンジを調べる

高いパフォーマンスを発揮する人は、商談、打ち合わせ、読書、執筆など、目的にあわせて、よい結果が得られる場所を使い分けています。

とくに、ホテルのラウンジは、さまざまな用途に使えるので、「お気に入り」のラウンジを決めている人も多くいます。

私は、自分が「この人のようになりたい」「この人はすごい」と思う人には、必ず「ホテルのラウンジとかで、よく使う場所はありますか」と、たずねるようにしています。そして、一度は必ずそのラウンジを訪れ、自分にとってどうなのかを体感しています。

そうすることで、自分では見つけることのできない、よい空間を知ることができます。そして、繰り返し訪れることで、その場所が自分の味方となり、あらゆるシーンで応援してくれる環境になってくれるのです。基本的に緑に囲まれたホテルのラウンジは大体エネルギーが高いです。

ちなみに、私は、地元の広島なら、「ANAクラウンプラザホテル」のラウンジ、東京であれば、「グランドプリンスホテル高輪」、赤坂の「ホテルニューオータニ」、六本木の「ホテルオークラ東京」、恵比寿の「ウェスティンホテル東京」のラウンジをよく使います。

こうしたホテル以外にも、緑や庭園が配置され、よい記憶が重なる空間はたくさんあるでしょう。

知人で、「大切な人同士を紹介するときは、必ず決まった料亭の、庭園が見える部屋にする」と、決めている人もいます。

皆さんも、幸せに成功している人と接する機会があるときは、ぜひ、普段、どんな場所を愛用しているのか、たずねてみてほしいと思います。

「その場に蓄積している記憶」を吸収し、クリエイティビティUP！

すべてにおいて、ホテルのラウンジだけが優れているわけではありません。街中にある、コーヒーショップやカフェも、使い方によっては、非常に役に立つ場所となり得ます。

アイデアを出すときは、思考を拡散して、あらゆる側面から可能性を考えることと、次に、ひねり出したものを、目的にあわせて集約するプロセスが必要になります。

ブレーンストーミングの段階では、さまざまな人が集まる、カフェなどのほうが、思いもよらないアイデアが生まれることがよくあります。

たとえば、商品開発をするときは、人々がどんなものを求めているのか、幅広く知る必要があります。

また、今行っているサービスの質を、より高めたいときや、新しく発売する品物のネーミングを考えたいときなど、普段使っている脳とは別の部分を、こうした場所で刺激して、いろいろなパターンを生み出すことで、より精度の高いものに集約することができるはずです。

また、30～40代の中堅サラリーマンに向けた商品を開発しようとしているとしたら、手頃な価格の居酒屋に行く。

また、ナチュラルな暮らしをしたいと思っている女性がターゲットなら、自然食品を扱うスーパーに行くなど、その場所に集まる人の特性を考えて、情報を吸い上げるのもいいでしょう。

『バガボンド』で有名なマンガ家の井上雄彦氏はＴＶで「ネームを考えるのにお気に入りのカフェが十数カ所あって、その中でも本当に困ったときはこのカフェなどとランク分けして活用している」と言っていましたが、興味深いカフェの活用法だと思います。

私が良質な建築空間をイメージするときは、世界中を旅していろいろな建築を見て回った写真などを眺めながら、その時のことを思い出して、その記憶から呼び起こされる感覚を空間に応用するなどを行っていますが、その場に蓄積している記憶は、あらゆるものの発想に応用可能だと思います。

出張先のホテルや旅館を癒しの場所に変える方法

出張でホテルに泊まるときも、できるだけ居心地がいい部屋を選び、仕事への活力を得たいものです。一流ホテルが快適か？　というと、**ホスピタリティやサービスが最高でも、残念ながら寝る部屋の環境が、いまいちのこともあります。**そのためには、出張が多い人は、宿泊するホテルの感想を書き残して、リストにしておくことをお勧めします。

これは私の経験なのですが、日本全国、あちこちに出張していると、どこの、どのホテルがよかったか、なかなか覚えていられません。

直前に「空いていたから」という理由で選んだホテルが、実は以前にも泊まったことがあり、あまりよくなかったことに、着いてから気づいたことも何度もありました。

こうした経験を重ねたあとに、私はホテルの感想をノートに残しておくことにしたのです。

「有名なホテルだけど、お風呂が汚かった。枕が合わなかった」

「一流ホテルで内装もいいのに、眠りが浅かった」

「都心のホテルなのに、意外と鳥の声を聴いて目覚めることができてとても快適だった」

「壁が薄くて、隣の部屋のいびきがうるさかった」

「部屋全体がカビ臭かった」

「リーズナブルなホテルだけど、かなり熟睡できて気持ち良かった」

「部屋が狭すぎる」

など、そのときの率直な印象を書いておけば、次に役立ちます。

ときどき、柱が出っ張っていて、そのすぐそばにベッドが置いてあるホテルがあります。こんな部屋に当たってしまったときは、地磁気の乱れを回避するために私は柱からベッドを離して眠ることにしています。

そうした部屋が多いホテルは、ほかの設備がどんなによくても、避けたほうがよいでしょう。

また、ホテルに泊まるとき、多くの人が感じるのが、部屋が乾燥しすぎているということです。残念ながら数カ月待ちの旅館でも、過乾燥で、朝起きたら肌がパリパリで喉が痛くなるようなケースも実際にはあります。設計時に配慮して計画すれば回避できるのですが、**肌や喉のホスピタリティまで考えてくれるホテル＆旅館はほぼ世の中にはないのが現状**です。

湿度が低すぎると、ウイルスが繁殖しやすくなりますし、体調を崩す一因にもなりかねません。

ホテルで、加湿器を用意してくれるなら、使用したほうがよいでしょう。

もし、加湿器の貸し出しがない場合は、バスタブにお湯をいれて、バスルームのドアを開けたままにしておくと、ほどよい湿度が保てます。

また、私が緊急手段として行うのがシャツを洗濯して、あまり水気を切らないで、部屋に干すことです。すると、湿度が高くなりますし、翌朝までにはシャツも乾いているので一石二鳥です。

趣味のエリア、部屋を持つ

結果を出し続ける人を見ていると、いつも仕事のことばかり考えているわけではないことに気づきます。

仕事をするときは、仕事に集中する。そして、家族といるときは、目の前にいる相手に集中するなど、頭の切り替えが上手にできているのです。

そうして、気持ちをリフレッシュするために役立つのが、住まいに、本業とは関係のない趣味のエリアを持つことです。

趣味といっても、なにも大げさなことではありません。

子どもが絵を描いていたら、自分も横で描いてみる。

食後のお酒で夫婦歓談を楽しむ。

大好きな映画をみる。

大好きな小説を読む。

お気に入りのTVを見て、心から楽しむ。

暖炉の薪《まき》割りを、子どもと一緒にするのを楽しむ。

そんなことでいいのです。

仕事や日常生活のさまざまなことを忘れ、没頭できる何かがあることが大切なのです。またそれが、毎日を過ごす家でできるのであれば、日々リフレッシュができるので、疲れやストレスが蓄積する前に解消することができます。


家の中に趣味のスペースを持つことで、もうひとつよい点があります。

先に家の中に「趣味のスペース」をつくってしまえば、ふと気づいたときに、実践できるので、習慣になりやすいのです。


趣味の部屋を持てるなら、それもいいでしょう。

しかし、たとえば、リビングの一角にギターを置き、その横に自分しか座らない椅子を置くだけでいいのです。

目につくところにギターがあれば、手に取りやすくなります。

そして、わざわざどこかに出かけたり、準備をしたりする必要なく、趣味の時間をつくれるのです。

いつも眺められる場所にライブラリーを設置しよう

願いをどんどん叶えている人の家には、目につくところに書棚があるのが、大きな特徴だと言えます。

書斎を持っている場合は、基本的に書斎に本を置いていますが、その書棚とは別に、リビングルームなど、家族が集まり、過ごす時間が長い部屋に、ライブラリーをつくり、上手に活用しています。

本が整然と並んでいる本棚の背表紙を見ているだけで、いろいろなアイデアが湧いてくるのを実感したことがある人も少なくないでしょう。

私も、自分にとってなにか課題があるときに、まったく関係のない分野の本のタイトルを見ていて、解決策がひらめいたことも1度や2度ではありません。余談ですが私は月に数回書店に行って、タイトルを眺めながら、アイデアを練ることもしています。

こうしたライブラリーは、子どもの成長にも大きく貢献してくれます。

どうやってライブラリーを活用するかというと、「将来子どもに読ませたい」と思う本を、書棚に入れておくのです。

たとえ、今の段階では難しいと思われる本でも、目につくところにあれば、子どもは興味を持ちます。「親はどんな本を読んでるのだろう」と、手に取るようになり、「これはいったい、何のことが書いてあるのか」「わかるようになりたい」と、成長意欲を刺激するのです。また、本が目につくところに並び、親が本を読む習慣があることを示すと、子どもは間違いなく本好きになります。

本に刺激され、成長速度が高まる子どもは、自立心も育ちます。

子どもが、自分なりの夢や考えを持ち、前に進むようになると、子どもが原因であった、家庭内の不和のほとんどは解消します。

そして、子どもの姿勢に刺激され、家族それぞれの夢を応援し合える、よいサイクルに入ります。すると、親もパフォーマンスを発揮しやすくなるのです。

ライブラリーは、家族共通の情報源と位置づけ、中身をどれだけ面白いものにしていくか、親子で意識するようになれば、家族全員が高まっていくでしょう。

オフィスでイライラするときは意識を変える

第2章でお話ししたように、私は社会人になりたてのころは、オフィスの自分の机では、なかなか集中できなくて困っていました。

ところが、しばらく経つうちに、イライラしがちなのはセルフコントロールができないのではなく、小さいころの環境の使い方による、単なる習慣だったということがわかりました。

そこで、今、当時の私と同じように、まわりに人がいたり、話しかけられたりすると集中できない人に、私がどうやってそのクセを改善したのか、お話ししましょう。

まず、**一番大切なのは、これは、自分が悪いのではなく、「環境が及ぼした習慣である」と知ること**です。それだけでも、少し気が楽になりませんか。

次に、単なる習慣であれば、別の習慣に置き換えればいいのですから、わざとミーティングスペースのように、人がたくさんいて話をしているところで、あえて仕事をします。

最初は気になるかもしれませんが、何度も実践するうちに、少しずつ集中できるようになってきます。

そして、誰かに話しかけられて、イラッとすることがあっても、「おっ、また、イラッとしている。でも、これは習慣だから必ず改善されていく」とイメージしてひと呼吸置くことです。

深呼吸の一つでもすれば、副交感神経が活性化されますから、気持ちも落ち着くでしょう。

私はこれで、ずいぶん、まわりの雑音が気にならなくなりました。

しかし、それでもまだ、今でもときどき「あーっ、今話しかけないで」と、言いたくなることもあります。そんなときは「ちょっと2、3分待ってください」と言い、自分のペースを取り戻します。

自分の自立度合いを客観的にみる

第3章でも触れましたが、今いる住環境に対して自分自身がどれくらい依存しているかを知ることが「環境のワナ」から脱出するためにも重要です。たとえば、実家に暮らしている人、社宅住まいの人、公団住まいの人など、一般的に暮らすのに必要な費用程度を負担していない場合、今の住環境に依存している度合いが高くなります。

また、代々資産を受け継いできている資産家の人が資産に依存してしまうケースも多いです。資産があるからこそ、資産と対等にかつ健全に向き合うのが難しいというジレンマに陥ってしまうのです。

どのケースにおいても**「自分が一から稼ぎ出したお金で今のライフスタイルが維**

持できる」という実感やリアリティが、「環境のワナ」から脱出するためにはとても重要です。向き合うことで心が重たくなる可能性もありますが、一度自分がどれくらい今の環境に依存しているかの棚卸《たなおろし》をしてみましょう。

（例A）「一人暮らしをすると、今の収入ではやっていけない」

（例B）「社宅で家賃が安いので、今の生活水準が維持できるけど、一般の賃貸に引っ越したら、それは無理」

（例C）「今の不動産や権利収入で生活には困っていないから、逆にリスクを取って本気で勝負しようと思ってもなかなか入らない」

など、自分の環境への依存度を客観的にとらえてみましょう。

自立度合いを高めるためのベイビーステップを具体化する

次にどこまで自分は本気でやってみたいか、を考えてみましょう。

どこまで本気でやるかを決めるか？　はとても大切ですが、重たく考えすぎると、はじめの一歩が踏み出せません。そのために、依存から抜け出た状態のイメージと合わせて、小さなベイビーステップを具体化することがポイントになります。

先ほどの例でいうと

（例A）「一人暮らしができるだけの収入を得るために、あらゆる手段を考えて実践に移してみよう。そのために、まずは一人暮らしを幸せに満喫している人と知り合っていろいろと教えてもらおう」

（例B）「一般的な家賃との差額と生活水準のバランスを夫婦で話し合って、差額分ぐらいを普段から貯金したり資産運用して、今の家賃ベースに依存しない形をつくろう。そのために、まずはファイナンシャルプランナーに相談してできることを見つけてみよう」

（例C）「リスクを取って本気で勝負しようと思っても力がなかなか入らないことをまず受け止めよう。そして、生活費をこれから勝負しようと思っているビジネスで成り立たせることも一つのきっかけになるので、生活費用の銀行口座を新たにつくって、そこで生活費が回せるようにビジネスを組み立ててみよう。そのためには知り合いの経営者にまずは相談かな」

といった具合に、依存から抜け出た状態を一つイメージしながら、そのための一番身近なベイビーステップを合わせて考えます。

そして、そのステップを踏み出すことと合わせて最終イメージを達成するための期日を決めます。５年10年先だと現実味が湧きにくく、途中で息切れする可能性がありますので、１年ぐらいを基準に長くても３年以内に照準を合わせてみましょう。

今の家のよいところ探しをしよう

本章では、今の住まいやオフィスをどう活用していくかという方法をご紹介しました。

こうした方法があるということをお伝えしたかったのは、「空間が人生に影響を及ぼしている」と聞くと、すでに住んでいる部屋や建ててしまった家に対して、気になる点が見えてきて、「もっと、ああすればよかった」「こうしたほうがよかったのでは?」と、後悔する人が少なからずいるからです。

そう考えることはとてももったいないことだと私は考えます。

なぜなら、家のよくない点ばかりに目をやるのではなく、今の家をどうやったらよりよく、楽しく使えるか考えれば、それだけで、空間を上手に使いこなすことができるようになるからです。

たとえば、仕事から帰ってきて、朝出かけるまでの間だけでも、こんなにできることはあります。

・一人で湯船につかって、疲れを癒す
・お気に入りのチェアーに座り、好きな音楽を聞く
・一人で「明日をどういう日にしたいか」考える時間をつくる
・寝る前の５分間、パートナーと話をする
・家族がいたら、夕食時に話を率先して聞く
・テレビを見て、家族と感想を話し合う
・皆でライブラリーで読書をし、空間を共有する
・家族でお風呂に入る

・家族に「おやすみ」「おはよう」と元気に声をかける

こうした小さなことでも、気持ちのよい時間の過ごし方を意識するだけで、環境は応えてくれます。

そして、「自分たちの幸せを実現する家に住んでいる」「エネルギーをどんどん高める手助けをしてくれる家に住んでいる」という意識を持ってみましょう。

それだけで、ずいぶんと住み心地が変わり、人生も好転していくはずです。

第6章

ビジネス・家族・人間関係を豊かにしてくれる「住まい環境」の極意

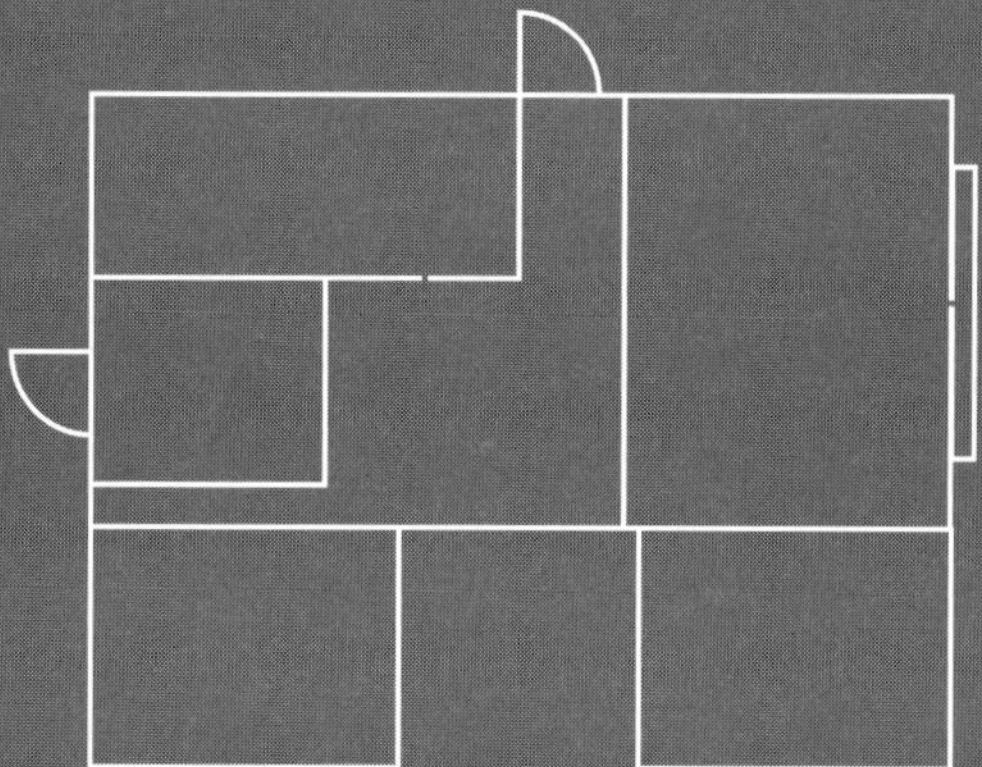

「なぜ、あなたはそこに住んでいるのですか？」

いよいよ最終章ですが、改めて聞いてみたいことがあります。

あなたは、今の部屋にどうして住んでいるのか、考えたことがありますか？

私が主宰する、「幸せになる部屋の使い方、暮らし方」セミナーでは、必ず「なぜ、あなたは今の部屋に住んでいるのですか？」と、質問します。ところが、そう問われた9割以上の人が「えっ……」と、答えに詰まってしまうのです。

私がお会いするのは、自分の家を持つことに関心がある人、もしくは、これから家を建てようと思っている人が多くを占めます。それなのに、自分が今、住む部屋を選んだ動機が、明確でない人がほとんどなのです。

たとえ、何らかの理由があったとしても、「会社の近くで決めた」「今のお給料で払える家賃だったから」「実家に帰りやすい」などといった、とりあえず、今の状況が許す範囲で見つけた、消極的なものが大半を占めます。

なかには、憧れのマイホームを手に入れて間もなく、「家族で楽しく暮らしたい」と情熱的に語ってくれる人もいます。しかし、「どうせ、帰って寝るだけだから」と、住まいをあまり重視していない。雨風をしのぐ、ただの箱のように考えている人が本当に多いのです。

これは非常にもったいないことです。

仕事が順調で、家族関係も持続的にうまくいっている。そんな人生を送っている人たちは、部屋に対する考え方が、明らかに違います。

私がこの20数年間に、セミナー参加者や相談を受けた、4000人以上の人たちと接してきてわかったのが、思い通りの人生を送っている人たちは、叶えたいライフスタイルや、その場所でしか得ることができない目的を、はっきりと持ち、住まいを選んでいるということです。

「住みたい街、人気ナンバーワンの吉祥寺で暮らしたい」

「表参道に住んで、トレンドに刺激を受けたい」

「自然がたくさんある軽井沢で、リフレッシュしたい」


など、その部屋に住んだからこそ、実現できることを明確にイメージしています。

そして、夢が叶えられるよう、積極的に住まいを選んでいるのです。

こうした人たちの特徴として、決して、

「そんなこと言ったって、払える家賃は決まっているしなあ……」

「10万円なら、このエリアしか住めないよ」

などと、できない理由をあげて、あきらめたりしません。

「都内の便利な場所で、海が見えるところはないだろうか」

「職場から、電車で1時間の範囲で、自然が豊かな場所はどこだろう」

と探し続け、ほんとうに願った通りの部屋を見つけています。

そして私が、「なぜ、あなたはその部屋に住んでいるのですか?」と質問すると、

「毎朝、起きて海を見るのが楽しくてたまらない」

「鳥のさえずりで目を覚ませるのが本当に気持ちいい」

「自然に囲まれて、日々リフレッシュしている」

などと、笑顔いっぱいに即答します。

住まいを自分の人生の一部として考え、有意義に活用しているから、答えがすぐに浮かぶのです。


部屋をうまく活かすことによって、あなたの人生は変わります。

私はそのことを、彼らのライフスタイルを垣間見ることで、心底実感しました。


「目的なんて考えないで、部屋を決めちゃったよ」とがっかりしないでください。

私はこれまでに、意識の持ちようや部屋の使い方次第で人生が劇的に変化する人もたくさん見てきました。

また、**自分が「なぜ今の部屋に住んでいるのか」を考えたことがない人ほど、意識を明確にする分、今後の人生が大きく変化する可能性がある**のです。

好循環に入るための、４つの住まい活用法

仕事もプライベートもうまくいき、充実した日々を送る人たちは、具体的にどう住まいを活用しているのか、その代表的なやり方には、次の４つがあります。

① エネルギーチャージをしている

仕事が終わって、気分転換しようとするとき、多くの人は、どこかに飲みに行ったり、ジムで運動をしたりして、ストレスを発散させようとします。

もちろん、こうしたやり方で疲れが取れ、リフレッシュできればいいのですが、日々の疲れを取るため、毎日出かけるのは、無理があります。

そこで、肉体的、精神的な癒しを得るために大きな役割を果たすのが、住まいで

す。

仕事ができる人が、一番に大切にしているのが、住まいでどれだけ疲れが取れ、精神的にも充足できるかという点です。

住まい環境や使い方によって、どのくらいエネルギーをチャージできるかは大きく変わります。

幸せに成功している人は、そのことを知り、住まいを有効に活用し、上手にエネルギーを補充しているのです。

②個人的な人脈を形成する場としている

仕事をしていく上で、なんらかの問題や困難に直面する経験は誰にでもあります。人生がうまくいっている人は、そんなとき、一人で悩むばかりでなく、答えを持っていそうな人に助けを求めます。

相談する相手は、仕事上の課題だからといって、同じ業界の人がいいとは限りません。

たとえば、法律的な問題にぶつかったら、知り合いの弁護士に確認する。

または、店舗を展開することになったとしたら、設計士の友人に、どういう点に気をつけたらいいか聞いてみるなど、狭い枠の中で考えていると行き詰まってしまうことも、個人的な人脈からよいヒントを得て解決できることはたくさんあります。

そうした関係を築けるのが、住まいです。住まいの外でも人脈形成は可能ですが、どうしても社交的な関係になりがちです。

人を招き入れることで、幅広い人脈を築き、仕事を超えた触れ合いができる、信頼関係を培うことを可能にしてくれるのが、あなたの家なのです。

③家族の絆を深めている

住まいはさらに、家族の絆も深めてくれます。

家族と信頼し合える関係を築くためには、住まいの居心地より、、相手に対する思いやりや態度が大切だと思うかもしれません。

しかし実は、住まいは人間の体調、感情、そして行動にまで、大きく作用します。

実際、寒色系の色を使った部屋では、体感温度が３度も低くなることがあります。

また、家以外の例では、日射時間が少ない季節や地域では、気分が落ち込んだり無気力になったりする人が増える傾向にあることが知られています。


まわりの環境が人間に与える影響は、侮《あなど》れないものです。

彼らは、そのことをよく知り、**言葉や態度だけでなく、家そのものにある、家族とよい関係を築く機能**に着目しています。

そして、家族全員が気持ちよくお互いを応援し合える関係を築いているのです。

④クリエイティブになるための場所としている

「クリエイティブ」というと、アーティストなどだけに必要な素質で、一般のビジネスマンには関係ないと思う人がいるかもしれません。

しかし、あらゆる分野で一流な人を、つぶさに観察すると、創造性（クリエイティビティ）とは、一部の人しか持ちえない特殊な才能ではありません。どんな仕事にも役に立つものです。

あなたが営業であれば、カタログで商品を紹介するだけでなく、もっとほかのやり方で、「使ってみたい」と思ってもらえる方法はないか考える。

また、たとえ事務職でも、どうすれば、読みやすくわかりやすい資料がつくれるか工夫するなど、あらゆる場面で創造性は必要とされています。

自身の才能を発揮している人ほど、クリエイティブに発想することを大切にしています。

クリエイティブになるためには、発想力を鍛えなければならないと考える人が多くいます。しかし、私たちには誰でもクリエイティブになる素質が備わっています。

あとは、①〜③のように、家という環境をうまく使い、創造性を育む手助けにすればよいのです。

一流のスポットが、なぜ飛躍的に人生を変えてくれるのか？

自分を先に変化させ、あとから環境が追いつくようにできる人も、中にはいます。私の感覚では、数千人にひとりくらいではないかと思います。そんな人は、飛び抜けたパワーを持っていますから、早くからリーダー的な存在となり、「自分がどうして成功したか」を伝えるようになります。ところが、一般の人が同じことを行っても、苦しいばかりでなかなかうまくいきません。

自身の才能を発揮したいと願う、ほとんどの人に、何度もお伝えしたいのが、周辺環境を整えれば、自分を変えることは飛躍的に楽にできるということです。住まいやオフィスの環境を整え、正しく使えばみるみる状況は変わります。

これまでも触れてきましたが、実際に、使用する会議室を替えたら、それまでは、意見が対立すると険悪な雰囲気になっていたのが、お互いの主張を受け止めた上で、よりよい案が次々と出るようになったことがあります。

よくビジネス書では、レストランやホテルなど、「一流の場所を、数多く体験しろ」と言われています。

これは、その場でしか受けることができない、サービスや雰囲気を体験することで、「自分はこうした一流の場に相応《ふさわ》しい」という、セルフイメージを植え付けるのに役立つという理由があります。

最初は居心地が悪く「こんなところに自分はいていいのか？」と感じる人も少なからずいるでしょう。1回で自己の認識が急激に変わることは、あまりありません。でも、何度も通ううち、場に蓄積されたよい記憶に影響を受けます。そして、**違和感が無くなって居心地がよくなってくると、不思議なことにそれに合わせてセルフイメージがアップします。**

また、それ以外にも、一流のスポットでの体験は、成功している人たちとのつながりを深めるという役割も持っているのです。

たとえば、クライアントと雑談をしているときに、相手が何気なく「ローマのあのホテルのラウンジがお気に入りなんだ」と言ったとします。そこであなたが、すかさず「そうですね、あのラウンジの暖炉の前にある、ソファの座り心地は最高ですね」と答えたとしたら、**相手はあなたのことを、同じレベルでつながれる人だと直感的に認識してくれます。**そして、取引の話をする相手としてだけではなく、より親密な関係を築ける人間だと感じ、信頼してくれますから、結果的にビジネスに優位に働くのです。

私たちの感情や体調は、まわりにある環境に、知らず知らずのうちに大きく左右されています。

まじめな人ほど、「自分が未熟だから……」「自己管理がなっていない」と、自分のせいにして悩みがちです。でも、そうして自分に厳しくする前に、周辺環境からの影響はないのか、一歩引いて確認する視点を持ってみましょう。

そして環境から受ける悪い作用はできるだけ排除し、恩恵を上手に享受できるようになりたいものです。

パフォーマンスを最大限に引き出す環境の活かし方

パフォーマンスを最大に発揮するためには、環境をうまく活かすことが不可欠です。

最後に日常的に「環境を活かそう」と思ったとき、その感性を磨き上げるためのポイントを４つご紹介しましょう。

①その場所でどう感じるかを意識する

これまで、場所や空間が、商談や打ち合わせの結果、仕事の成果、体調や精神的なバランスなど、これほど私たちに働きかけるとは、考えたこともない人が多いはずです。

まずは、さまざまな環境下において、自分がどう感じるかを意識してみましょう。

通勤前にコーヒーを飲みに行くカフェはどうでしょう。

せまいけど、妙に居心地がいいですか、それとも、有名な店なのに、早く出たくなりますか。

オフィスでも「ここに座ると、なぜか落ち着く」「この部屋で打ち合わせをすると、いつもいいアイデアがでる」といった場所はありませんか。

その場所が、自分にどういう感覚を抱かせるか、意識してみてください。

そうすることで、場のもたらす影響力を実感できるようになってきます。

②その場所を使う意図を明確にする

人生がうまくいく人は、住む部屋を探すときに「公園の近くに住んで緑に囲まれたい」「富士山が見える部屋で毎朝目覚めたい」などの明確な目的を持っているとお話ししました。

場所が持つ、よい力を感じることができたら、次は「なぜその場所なのか」を決めることで、どう活用するかが見えてきます。

ハイパフォーマンスを実現するためには、そうなるためになぜそこにいるのかを、ハッキリと意識することが大切です。

とはいえ、新たに目的を考え、その目的にあった住まいに引っ越さなければならないわけではありません。

あなたがなぜ、今の家に住んでいるのか、もう一度考えてみましょう。

たとえばあなたが、会社が用意してくれた社宅に住んでいるとします。

「会社に近くて便利だから」、もしくは「家賃が安いから」という理由が浮かびました。

その動機が悪いわけではありません。ただ、もう少し前向きで楽しめる意識に結びつくよう、考え直してみましょう。

会社に近いのが理由であれば、「通勤電車のストレスにさらされずに体力を温存できる」。家賃が安いと思っていたなら、「その分、自分の勉強や経験を広げるためにお金が使える」というように、視点を変えることがポイントです。

③目的によって場所を使い分ける

私は、原稿を書いたり、本の執筆をしたりするときに、意図的に家の近くにある、チェーンのコーヒーショップやファミリーレストランに行きます。

なぜなら、その場所にあるエネルギーをうまく活用したいからです。

そうしたカフェには、さまざまな人がくつろぎに来ます。営業の途中で一息入れているビジネスマンがいれば、子どもを迎えに行く前の母親たちが話をしていたり、読書を楽しんでいるご老人がいたりします。

私の場合は、自宅やオフィスで考えていると、どうしても専門的な思考に陥りがちになります。

しかし、一般社会に近い状況に触れることで、読んでくださる方たちに近い思考が浮かぶ。そして、「もう少し、こんな例を入れたほうがいいかな」などと、役立つアイデアが浮かんでくるのです。


また、反対に、社外でクライアントと打ち合わせをするときは、一流ホテルのラウンジを使うようにしています。

ホテルのラウンジは、値段もハードルも高いというイメージがあります。確かに、飲み物が1杯1000円以上することも珍しくありませんが、成功している人や人生がうまくいっている人が多く利用します。

価格の高い分、それに見合ったよいサービスを享受して、お互いに気持ちよく話をする。そして、質の高い空間で、よい記憶のエネルギーを受けることで、好ましい結果を手に入れることができるのです。

④相手との快適な距離感も常に意識する

部屋や空間以外で、忘れがちですが、大事な環境の一つに、「人との距離感」があります。

環境を考えるなら、相手との距離感についても考えてみましょう。

知らない人ばかり乗っているエレベーターの中は、緊張感が漂います。ですが、知り合いが乗り合わせたときは、さほど緊張しません。

このように、相手との関係によって、心地いい距離感は違います。でも、逆に距離をうまく縮めることができれば、信頼できる関係になることも可能なのです。

打ち合わせやミーティングのとき、ほとんどの人は向かい合って座ります。ですが、レストランやバーなどで、もっと相手のことを知りたいと思ったとき、向かい合って座るでしょうか。

男女に限らず、親しくなりたい相手とは、自然にテーブルの角をはさんで座ったり、横に並んで座ったりしませんか。

同じように、仕事のときでも、「この相手とは信頼関係を築きたい」と思ったら、座る位置を変えるよう意識してみてください。

もちろん、初対面のときに、横に座られたらあまりいい気持ちはしないでしょう。でも、数回会っている相手となら、座る位置を変えるだけで、相手との距離感がどう変わるか、実感してみてください。

おわりに

最後までご覧いただきありがとうございました。

一流の人がどうしてここまで自分の住まいや部屋、オフィスなどの周辺環境にこだわっているかを実感していただけたでしょうか？

そこには、間違いなく自分の人生を豊かに幸せへと後押ししてくれるエッセンスがあります。

これまで20数年間、環境が人に及ぼす影響を探求しながら建築をつくってきましたが、びっくりするくらい普段身を置いている環境がその人に影響するということを実感しています。

そんななか「周辺環境が及ぼす影響」が、その人の意識していない部分で作用をして、物事がうまく進まないケースもたくさん見てきました。

しかし、日本人の多くはまじめで、

「自分が悪いからに違いない」
「うまくいかないのは自分に実力がないからだ」

と自分に厳しく当たってしまいがちです。

もちろん、自分を律することも重要ですが、必要以上に律することをしてしまうと、本書でもお伝えしましたが、本来持っている自分の実力も発揮できなくなります。

物事がうまくいかないと実感している人が、はまっていく習慣や環境がまさにこれにあたります。

どんな人にとっても少なからず、普段身を置いている環境からの影響があります。

その影響が何かを知り、逆に今いる環境をビジネスやライフスタイルを後押ししてくれる状態に切り替えていき、人生に好循環を引き寄せることが本書の目的です。

目まぐるしく変化の多い現代です。

人生がうまくいっているように感じている人でも、必ず波があります。その反対のこともあることでしょう。

自暴自棄になったり、混乱してどう進んでいけばいいかわからなくなった時、またはうまくいっているように感じるけどどこかに不安がある場合は、住まいを中心に周辺環境を見つめてください。

そこに、今の状態を改善するためのヒントが必ず隠されています。本書が、そのお手伝いになれば、これ以上うれしいことはありません。

なお、住まいの使い方や住まいづくりに興味のある方は、月に数回配信させていただいているメールレター「幸せな家づくり通信」にぜひご登録ください。

URL　http://www.mka-design.com/?p=814

最後になりますが、全面的に信頼してバックアップしてくださった編集者の小川謙太郎さん、今回の本に登場してくださった建主や相談者、勉強会に参加してくださった皆様、本業を常に支えてくれているスタッフの皆、「この本をぜひ読みたい」と言ってくれた心理カウンセラーでもある妻、いつも笑顔でパワフルな娘に「ありがとう！」と伝えながら筆をおきたいと思います。

あなたにとって、充実した日々を送られることを心からお祈りしています。

八納　啓創

〔著者紹介〕
八納　啓創（やのう　けいぞう）
株式会社川本建築設計事務所代表取締役。１級建築士。社団法人日本建築家協会 会員。年商数百億円の経営者や独立開業で成功している医師、保険業界で西日本ナンバーワンの実績を上げている経営者、ベストセラー作家の自宅、オフィス設計を通じて、「一流の人が持っている住まい観」を「普遍的に活用できる知恵」へと体系化。設計・講演・執筆活動を通じて、全国に「住む人が幸せになる家づくり」を展開中。著書に『わが子を天才に育てる家』（PHP研究所）、『住む人が幸せになる家のつくり方』（サンマーク出版）、『「住んでいる部屋」で運命は決まる！』（三笠書房）があり、台湾や中国でも翻訳されている。All About「幸せになる家づくりガイド」もつとめる。
HP　http://www.mka-design.com

なぜ一流の人は自分の部屋にこだわるのか？　（検印省略）

2015年12月11日　第１刷発行
2016年２月２日　第２刷発行

著　者　八納　啓創（やのう　けいぞう）
発行者　川金　正法

発　行　株式会社KADOKAWA
〒102-8177　東京都千代田区富士見2-13-3
03-3238-8521（カスタマーサポート）
http://www.kadokawa.co.jp/

落丁・乱丁本はご面倒でも、下記KADOKAWA読者係にお送りください。

送料は小社負担でお取り替えいたします。

古書店で購入したものについては、お取り替えできません。

電話049-259-1100（9：00〜17：00／土日、祝日、年末年始を除く）

〒354-0041　埼玉県入間郡三芳町藤久保550-1

DTP／キャップス　印刷・製本／大日本印刷

ISBN978-4-04-653986-1　C0030